KB126391

맹자 씨,
정의가
이익이라고요?

친구와
함께 읽는
고전
005

맹자씨, 정의가 이익이라고요?

–《맹자》단단히 읽기

4쇄 | 2021년 4월 30일
1쇄 | 2019년 1월 16일

원저 | 맹자
지은이 | 이양호

편집 | 김판호
일러스트 | 박설리
마케팅 | 홍석근

펴낸곳 | 도서출판 평사리 Common Life Books
출판신고 | 제313-2004-172 (2004년 7월 1일)
주 소 | 경기도 고양시 덕양구 중앙로558번길 16-16. 7층
전 화 | 02-706-1970 팩 스 | 02-706-1971
전자우편 | commonlifebooks@gmail.com

이양호 ⓒ 2019
ISBN 979-11-6023-243-1 (03160)
ISBN 979-11-6023-224-0 (세트)

친구 와
함께 읽는
고 전
0 0 5

맹자 씨, 정의가 이익이라고요?

맹자 원저 | 이양호 지음

《맹자》 단단히 읽기

평사리
Common Life Books

일러두기

- 성균관대학교대동문화연구원에서 영인한《한국경학자료집성(맹자편)》을 저본으로 삼았다.
- 인명과 지명은〈한글 맞춤법 외래어 표기법〉에 따랐으나, 일부는 한자어 발음을 따랐다.
- 인용문의 출처가《맹자》인 경우, 책명인《맹자》는 표기하지 않고 편명과 상하, 장수만으로 표시하였다.

성선설을 주장하다니!

맹자가 살았던 전국시대는 '삭신이 멀쩡하고, 재주 있는 것이 저주인 세상'이었다. 무용지용無用之用이 그것이다. 맹자와 같은 시대를 살았던 장자의 말이다. 쓸모없는 것이 역설적으로 쓸모 있다는 소리가 되겠다. 이 말을 철학적인 맥락에서 볼 수 있겠지만, 먼저 현실적인 맥락에서 살펴야 한다. 재주 없고 쓸모없는 사람이 오래 살아남는다는 소리다. 그 시대가 그랬다. 《장자》의 〈인간세〉편을 보면 어떤 사람이 축복을 받아 살아남는지를 알 수 있다.

지리소라는 사나이는 턱이 배꼽에 가려지고 어깨는 정수리보다 높으며, 상투는 하늘을 가리고 내장이 [머리] 위로 올라갔으며, 두 넓적다리가 옆구리에 닿아 있다. [이처럼 심한 꼽추지만] 옷을 깁거나 빨래를 하면 충분히 먹고 살아갈 수 있고, 키질을 해서 쌀을 고르면 열 식구는 먹여 살릴 수 있다. 국가에서 군인을 징집하면 지리는 [병신이라 병역의 의무가 없기 때문에] 사람들 사이에서 두 팔을 걷어붙인 채 [유유히] 다닐 수 있고, 국가에서 큰 역사가 있을 때 [인부를 징집하면] 지리는 언제나 병이 있다고 하여 일이 내려지지 않는다. [그러면서도] 위에서 병자에게 곡식을 내릴 때는 3종의 곡식과 열 다발의 장작을 받는다. …… 사람들은 모두 쓸모 있는 것의 쓸모는 알아도, 쓸모없는 것의 쓸모[無用之用]를 모른다.*

이런 시대였다. 땅을 뺏기 위해, 사리사욕을 채우기 위해 허구한 날 전쟁이 벌어지고 있었다. '삭신이 멀쩡하고, 재주 있는 것이 저주인 세상'이었다. 이 판국을 맹자는 "땅은 사람을 위해 있는 것인데, 사람이 오히려 땅을 위해 있는 세상"이라고 절규했다. 심지어 그는 "짐승들을 몰고 와 사람들을 먹이는" 시대라고까지 말했다.(〈양혜왕〉 상 4장)"

그런데 맹자는 놀라운 소리를 했다. 세상을 절규했으면서도 '성선설'을 외쳤다. "[생명이 있는 것, 특히 사람의] 본성은 선하다"고 했다.(〈등문공〉 상 1장) 너무도 황당한 소리였다. '재주 있는 것이 저

---

* 안동림 역주, 《장자》, 현암사, 2010, 141~143쪽.

주인 세상'이었는데도, 맹자는 그렇게 외쳤다. 그는 돈키호테인가? 그가 '성선설'을 외치자 주변에선 혀를 끌끌 찼다. 이런 세상을 눈 번히 뜨고 보면서도 그런 소리를 할 수 있단 말인가? 맹자는 아주 간곡하게 말했다.

제나라 우산에는 나무들이 아름답게 우거져 있었다. 그 산 근처에 대 도시가 생기자, 사람들이 땔감이나 건축자재를 구하기 위해 도끼로 나 무를 막 잘라냈다. 이랬으니, 그 산에 아름다운 숲이 어떻게 남아있을 수 있겠는가? 그래도 낮과 밤으로 성장케 하는 기운이 있고, 비와 이슬 이 그 신을 윤택하게 하여 싹과 움이 돋아나지만, 또 다시 소와 양이 그 것을 뜯어 먹으니 저렇게 민둥산이 되고만 것이다. 민둥민둥한 저 산을 보고, 사람들이 저 산에는 본래부터 나무가 우거진 적이 없었다고 생각 하지만, 그것이 어찌 저 산의 본모습[성性]이라 하겠는가?

사람의 경우에도 그렇다. 지금 저 산처럼 되어버렸지만, 그렇다고 사 람에게 본래부터 인의仁義의 마음이 없었다고 말할 수 있겠는가? 사람 들이 그들의 양심을 놔버리는 것은 마치 도끼로 나무를 베어내는 것과 같다. 날이면 날마다 나무를 잘라내듯이 양심을 잘라 내니, 아름다운 마음이 남아있을 수 있겠는가?

사람에게도 낮과 밤으로 성장케 하는 새벽의 맑은 기운이 있다. 그 때는 선을 좋아하고 악을 미워하는, 인간의 본래 모습에 가까운 마음이 적지 않게 일어난다. 그럼에도 참된 사람에 가까운 이가 아주 드물다. 하루 내내 참된 본성을 얽어매고 망치는 일을 하기 때문이다. 이렇게 얽어매고 망치는 일이 반복해서 일어나면, 밤에 잠자는 동안 생겨나는 맑은 기운은 존속할 수가 없게 된다. 밤의 맑은 기운이 존속할 수 없게 되면, 그 인간은 금수와 다를 바가 없게 된다.

금수와 다를 바가 없는 인간의 모습을 보고서, 사람들은 그 인간에게 본래부터 선한 자질이 없었다고 생각한다. 이것이 어찌 그 인간의 본래 모습이겠는가?(〈고자〉 상 8장)

맹자는 왜, 사람에게 선한 본성이 있음을 그토록 힘들게라도 설득하려 했을까? '사람은 본래 악하다'라는 게 맞는 말이라면, 악한 세상을 비판할 수 없어서이다.

"땅은 사람을 위해 있는 것인데, 사람이 오히려 땅을 위해 있는 세상"처럼 되어버렸든, "짐승들을 몰고 와 사람들을 먹이는" 세상으로 변했든, "삭신이 멀쩡하고, 재주 있는 것이 저주인" 비참한 세상으로 되었건 간에, 그런 세상을 잘못된 세상이라고 비판할 수가 없다. 사람들이 사람 본성대로 살고 있는데 뭐가 문제란 말인가?

게다가 사람의 본성이 '본질적으로' 악하다면, 사람은 선하게 살 수도 선을 배울 수도 없다. 논리적으로만 말하면 정확히 그렇다. 인간이 어떻게 본성을 바꿀 수 있단 말인가. 오직 인간을 만든 조물주

만 그것을 할 수 있다. 조물주 신의 은혜에 달렸을 따름이다. 이게 바로 루터가 생각했던, '인간은 행위가 아니라 오직 하느님의 은혜로 구원을 받는다'는 소리다.

그런데 맹자의 성선설에서 놓치지 말아야 할 것이 있다. 사람이 선한 존재라고 맹자는 말하지 않았다. 무자비한 전쟁 시대에 사람이 선하다고 생각했다면, 바보거나 초현실적인 인간이다. 맹자는 철저히 현실을 바탕으로 이상을 추구했던 사람이다. 맹자가 사람에게서 본 것은 선한 본성이라는 아름드리나무가 아니었다. 선한 본성의 씨앗을 보았을 따름이다.

순자의 성악설*도 풍문과는 달리 맹자에게서 그리 멀리 있지 않다. 순자의 성악설은 루터의 그것과는 다르다. 사람이 원죄가 있어 본질적으로 악하므로 신에 의한 은혜만이 죄와 악을 없앨 수 있다는 소리를 하고 있는 게 아니다. 배움과 예禮를 통해 이끌지 않으면, 사람은 사적인 욕망만을 추구하며 살기 쉽다는 것일 뿐이다.

배움과 예禮를 통해 사람이 선한 행위를 할 수 있다는 것은, 사람은 그것을 배울 수 있는 가능성을 가지고 태어났다는 소리다. 이 점에서 순자는 맹자에게서 그리 멀지 않다. 아우구스티누스나 루터, 칼뱅이 말하는 '죄인으로서의 인간'과는 한참 다르다. 그들에게

---

* 《순자》 책에 '성악'이 나온 편은 일반적으로 후대 사람들이 써 끼워 넣은 것으로 여긴다.

'선'은 오직 신의 속성일 뿐이다.

선의 씨앗이 하느님에게만 있는 것이 아니라, 사람 속에도 심어져 있는 것을 맹자는 보았다. 물론 그 씨앗의 출처는 하늘이고 하느님이다. 맹자는 말했다. "사람의 본성을 알아라. 그러면 하늘(하느님)을 알게 된다.[知其性 則知天矣.](〈진심〉 상 1장)"

이러한 생각은 맹자에게서 갑자기 튀어나온 소리는 아니다. 공자의 손자인 자사가 이미 《중용》에서 말한 게 있다.

> 하늘이 내려준 것, 그것이 본성이다. 본성을 따라 사는 것, 그것이 도道이고 길이다.[天命之謂性 率性之謂道]

맹자는 《중용》의 이 말에 한없는 깊이를 만들었다. 사람 속에 이미 들어와 있는 하늘을 알려주었다. 이것을 깨달은 맹자가 '성선'을 말하지 않을 도리는 없다. 사람 속에 있는 하느님(하늘)은 선하기 때문이다. 하늘이 선하다는 걸 어떻게 아는가? 하늘은 땅과 더불어 인간과 만물을 낳고 기르기는 것이 그 증거다.

'동양 문명이 생각하는 선'은 새로운 세계를 낳고, 또 낳는 것이다. 《주역》〈계사전〉의 소리다. "음양이 갈마드는 것을 도道라고 한다. 이것을 계속하는 것이 선이다. …… 낳고, 또 낳는 것을 역[易, 바뀜]이라 한다. 그것의 꼴[상]을 이룬 게 하늘의 덕성이고, 그것을

본받은 게 땅의 덕성이다.[*]

음양이 갈마들면, 그때마다 새 세상이 탄생한다. 이것을 깨달은 문명이기에 세계는 역[易, 바뀜]이라고 했다. 한 존재가 태어날 때마다 세상은 바뀌고, 그때마다 세계는 새로 창조된다. 옛 현인들은 이렇게 생명력이 춤을 추는 세계를 보았다. 그걸 선이라 했다.

성서에서도 본래 선은 이런 것이었다. '그냥 좋다'였다. 하느님이 세상을 창조한 뒤의 느낌 그것이다. 그냥 "보기에 좋았더라." 그 뿐이었다. 악, 싫음과 반대되는 의미에서의 '좋음, 선'이 아니었다. 선악의 이분적인 개념에서 나온 선이 아니다. 선과 악으로 나뉘기 이전의 개념이다. '악과 반대되는 선'은 "선악과(성서의 본래 의미는 좋음과 나쁨을 알게 하는 나무의 열매란 뜻이다.)"를 따먹은 뒤에 생긴 것이다. 선악과를 따먹은 것 때문에 사람은 본래적인 선을 완전히 상실했다. 이런 생각은 맹자의 성선설은 물론이고, 순자의 '성악설'과도 한참 다르다.

맹자의 성선과 하느님이 인간을 처음 지었을 때 인간이 가지고

---

[*] 《주역》〈계사전〉 상 05, "一陰一陽之謂道. 繼之者善也. …… 生生之謂易, 成象之謂乾, 效法之謂坤."

있던 선의 세계관을 이어받은 정현종은, 시 〈송아지〉로 그것을 표현했다. 역易의 세계이자 선한 세계를 표현했다.

내가 미친놈처럼 헤매는
원성 들판에서
이리 뛰고
저리 뛴다
세상에 나온 지
한 달밖에 안 된!
송아지

너 때문에
이 세상도
생긴 지 한 달밖에 안 된다!

그렇지만 맹자는 알았다. 사람 속에 심겨진 선한 씨앗을 싹틔우고 길러나가지 않으면, '사람에게 그런 것이 있기나 한가?' 이런 의심을 받을 수밖에 없다는 것도 그는 잘 알았다.

크게 키워야 할 네 가지 마음, 사단

맹자가 생각한 선한 씨앗, 선한 마음은 무엇인가? 살리는 마음이다. 사람이면 누구에게나 있는, 살리는 마음이다. 사람 누구에게나, 이 마음이 정말로 있는가? 맹자는 이 마음을 어디서 보았던가? 깊은 우물물을 향해 뿍뿍 기어가는 아이를 보았을 때, [지각이 있는 사람] 누구에게서나 '순간적으로' 일어나는 마음을 보았다, 맹자는!

우물로 기어가는 아이를 목격한 사람이라면, 누구라도, 얼른, 아무런 이익도 바라지 않고, 그저, 아이를 붙잡는다. 그러지 않는 사람이 있다면, 그는 이미 눈이 멀어서 보지 못하는 사람일 것이다. 깊은 우물과 죽음을 연결시키지 못할 정도로 인식능력이 망가졌거나, 발달하지 못한 사람일 것이다.

갓난아이를 붙잡는 '이 마음'이 사람 누구에게나 있다는 것을 깨닫는 그 순간, 맹자는 득도했다. 이 깨달음은 맹자의 삶을 떠받치는 기둥이 되었다. 사람은 행복하게 살 수 있고, 또 세상을 평화롭게 할 수 있다. 믿음이 또렷해졌다. 맹자는 외쳤다.

사람에겐 다른 사람에게 차마 어쩌지 못하는 마음, 불인인지심 不忍人之心이 있다. 성군들도 사람에게 차마 어쩌지 못하는 마음을 가지고 있었다. 이 마음이 바로 사람에게 차마 어쩌지 못하는 정치를 하게 한

것이다.(《공손추》 상 6장)

    사람마다 이 마음을 쓰면 세상은 평화로워질 것이다. 이 마음이 나타난 게 바로 어짊[仁]이다. 특히 불쌍한 사람을 측은히 여겨 세상을 평화롭게 하는 마음이다. 그런데 이 마음은 씨앗이고, 싹이다. 충분히 가꾸어진 나무가 아니다. 한 명 한 명이 소중히 간직하고 키워 이루어내야 할 푯대이다. 그런 점에서 사람들 모두는 '되어야 할 사람'이다.

    측은히 여기는 마음 말고도 사람에겐 크게 키워야 할 마음이 또 있다. 부끄러움을 아는 마음, 양보하는 마음, 옳고 그름을 분별할 수 있는 마음이 그것이다. 그렇지만 다시 한 번 밝히거니와 이 마음들도 씨앗으로 주어졌을 뿐이다. 애쓰고 또 애써 아름드리 큰 나무로 키워내야만 한다. 자기를 넘어, 이 마음을 끊임없이 확대하고, 확대한 다음, 확대된 부분을 그 마음으로 채워나가야 한다. '애써서!' 그러면 세계에 평화가 오지만, 그렇지 못하면 '이 마음'은 아무 짝에도 쓸 수 없을 정도로 쪼그라들고 말라비틀어진다. 심지어 그 힘이 너무도 미약해, 자기 욕망을 채우기 위해 자기 어버이도 싸움의 대상으로 여기게 될 것이다. 맹자의 말이다.

사람들이 이 네 가지 마음*이 내 몸에 구현되어 있는 것을 깨닫고, 그 마음을 확대하여 채워나가야 한다. 그러면 처음 불꽃은 미약하지만 온 천하를 밝게 할 수 있다. 처음 샘물은 가느다란 한 줄기이지만 도도한 강물을 이룰 수 있다. 꼭 그처럼 이 마음을 누구도 막을 수 없을 것이다. 사람들이 진실로 이 마음을 확대하여 채워나간다면 온 천하가 보존될 것이다. 하지만 확대하여 채우는 일을 하지 않는다면, 어버이를 섬기는 것조차도 못할 정도로 미미할 것이다.(〈공손추〉 상 6장)

호연지기를 키워나가야 한다

사람이 해야 할 일은, 선한 이 마음을 키우고 확대해나가는 것이다. 이게 맹자 성선설의 고갱이이다. 이 일을 잘 해나가면 '호연지기浩然之氣'가 그 사람에게서 생겨난다. 호연지기는 하늘과 땅 사이를 가득 채우는 기운이고, 올바름과 도道를 짝으로 삼고서 천하대사를 경륜하는 힘이다. 호연지기를 키울 때 놓치지 말아야 할 게 있다. 이 기운이 생기는 방식과 그것을 기를 때 조심해야 하는 게 무엇인지를 알아야 한다.

---

* 이것이 그 유명한 사단칠정론에서의 사단이다. 측은지심, 수오지심, 사양지심, 시비지심이다. 네 마음이라고 했지만, 마음이 네 조각으로 나뉘어 있다는 뜻이 아니다. 한 마음, 즉 측은지심과 어진 마음[仁]이 갖추고 있는 네 가지 양상을 그렇게 표현한 것이다.

호연지기는 의로운 삶이 일상적으로 축적되어 인간 내면에서 온양·배양되는 것이지, 어떤 돌발적인 정의감의 우발적인 행동에 의해 얻어지는 것이 아니다. …… 반드시 호연지기를 배양하는 노력을 해야 하지만, 그 노력의 결과가 바로 생기길 바라선 안 된다. 그 기운을 길러야 한다는 마음을 놓쳐서도 안 되지만, 그렇다고 빨리 효험을 보기 위혜 조장*을 해서도 안 된다.(〈공손추〉 상 2장)

본성을 잘 길러서 호연지기로 제 몸을 가득 채운 사람, '이 사람' 보는 걸 하늘도 기뻐할 것이다. 왜 그러지 않겠는가! 이 마음, 이 본성이 온 곳이 어딘가? 하늘이다. 하느님이 우리 마음속에 심어준 씨앗이다. 맹자는 말했다.

이 마음을 잘 보존하고, 이 본성을 잘 길러라. 그것이 하늘을 섬기는 길이다.[存其心, 養其性, 所以事天也.](〈진심〉 상 1장)

하느님을 기쁘게 하는 것은 제사를 빠뜨리지 않고 지내는 것도, 예배당을 뻔질나게 다니는 것도 아니다. 그런 게 하느님을 섬기는 게 아니기 때문이다. 하느님 섬김은 하느님이 준 마음, 즉 거룩한

---

* 맹자는 바로 조장에 대해 설명한다. 벼의 싹이 빨리 자라라고, 싹을 잡아당겨놓는 것과 같은 것이라 한다.

영을 잘 기르는 것이다. 제 한 몸 영달을 위해, 죽은 뒤 천국에 가기 위해 그 마음을 기르는가? 맹자는 말했다.

군자가 지켜야 할 것은 이것이다. 제 몸을 잘 닦아서 천하에 평화를 가져오는 것이다.[君子之守, 修其身而天下平](〈진심〉 하 32장)

하느님이 준 마음을 구현하고 있는 그 몸을 닦아, 전쟁과 같은 비참한 현실을 없애고 세계에 평화를 가져오는 삶이어야 한다는 것이다. 이게 맹자다.

조선 선비에게 노래와 춤이 되다

선이 사람의 본성임을 믿고, 선을 추구하며 산 사람의 모습은 어떨까?

군자가 본성으로 여기는 것은 어짊과 올바름, 예의와 지혜이다. 이것이 그의 마음에 뿌리를 내리고 있어, 그의 몸에서 빛깔로 나타나는데 그지없이 맑은 빛을 낸다. 맑은 빛이 얼굴에도 나타나고, 등과 뒤태에도 넘쳐흐르며, 손과 발에까지도 퍼져서 약동한다. 그 사람의 몸은 말하지 않아도 깨우침을 준다.(〈진심〉 상 21장)

참으로 아름다운 사람이다. 이것이 바로 유학의 윤리학이 추구하는 사람의 모습이다. 한형조 교수는 "유교를 …… 미학적 윤리학으로 읽기를 권하며" 다음처럼 말했다.

유교의 도덕은 통념과는 달리 윤리적이기보다 미학적 성격을 가지고 있다. 그것은 이를테면, 도덕이란 '공자 왈'이나, '선현들 말씀'에 있다기보다, 그리고 자기를 버리고 남을 위하려는 적극적 의도나 계산의 결과라기보다, 본능의 자연적 정감으로서, 목적 없이 발현되는 어떤 것이다. 그것은 일종의 유희이며 예술이다. …… 맹자 또한 물에 빠진 어린아이를 목적이나 보상 없이 구하려 달려가는, 자연적 발로로서의 측은으로 성선을 증명하고자 했다.*

유교를 미학적 윤리학으로 정립했던 사람은, 유학의 길을 연 공자 자신이다. 그는 사람의 최종적인 모습으로 미학적이고 예술적인 상태를 제시했다.

공자가 말했다. 도道에 뜻을 두고, 덕德에 근거하며, 인仁에 의지하되, 예술의 경지에서 노닐어야 한다.†

*   한형조, 《조선 유학의 거장들》, 문학동네, 2008, 98쪽.
†   《논어》, 〈술이〉. "子曰, 志於道, 據於德, 依於仁, 遊於藝."

공자 자신 예술의 달인이었고 제자들에게도 예술을 가르쳤지만, "예술의 경지에서 노닐어야 한다"는 소리는, 구체적으로 예술을 해야 한다는 소리는 아니다. 사람의 몸 자체가 미학적인 몸이 되어, 그 몸에서 예술적인 향기가 배어 나와야 한다는 소리이다.

예술의 경지에서 노니는 것을 율곡 이이도 유학자의 최종적인 모습으로 제시했다. 율곡의 나이 열아홉 살 때 일이다. 금강산에서 노스님과 철학적인 논쟁을 하는 중에 그는 유학의 경지를 내세웠는데, "소리개가 하늘에서 날고, 물고기는 연못에서 뛴다"*를 치켜들었다. 한두 마디 말이 더 오간 뒤, 깜짝 놀란 노스님은 요즘 고3 나이인 열아홉 어린 애의 손을 잡고 간곡히 부탁했다. "나를 위해 시를 지어, '소리개가 하늘에서 날고, 물고기는 연못에서 뛴다'는 글귀의 뜻을 풀어주시오."

그 말의 깊은 뜻이 어떠하기에, 율곡은 유학의 최종적인 모습으로 그 말을 들어보였을까? 역시 한형조 교수의 말을 들어보자. "이 말(소리개가 하늘에서 날고, 물고기는 연못에서 뛴다)은 《시경》의 한 구절로 《중용》이 우주적 생명의 창생과 약동을 노래할 때 인용했다. 표면상으로는 자연의 심상한 풍경을 읊고 있는 것처럼 보인다. 유학

---

* 율곡의 정확한 말은 "소리개가 하늘에서 날고, 물고기는 연못에서 뛰는데 이것은 색이오, 공이오?"였다. 《조선 유학의 거장들》에서 한형조 교수는 이 말을 포함해 노스님과의 논쟁을 아주 정밀하게 풀이했다. 아주 빼어난 글이고, 아름다운 글이다.

은 그러나 이 말을 하늘과 땅에서 이루어지고 있는 생명의 신비, 그 향연의 찬가로 불렀다."[*]

퇴계 이황 역시 '생명이 약동하는 신비'에 감동하고, 또 거기에 참여하는 것을 최고의 경지로 여겼다. 이것을 그는 시로 읊었다.

꿈틀 꿈틀 저 많은 생명 다들 어디서 오는가?
시작도 없고 가도 없는 저 근원 비어 있지 않다네
앞 현인들이 감동한 곳 알고 싶은가?
뜨락에 무성한 풀, 연못에 노니는 물고기를 보게나[†]

율곡은 "소리개가 하늘에서 날고, 물고기는 연못에서 뛰는" 모습에서 우주의 '선善'을 보았다. 꼭 그처럼, 퇴계도 "뜨락에 무성한 풀, 연못에 노니는 물고기"에서 '선善'을 보았다. "앞 현인들이 감동한 곳"이 바로 그곳이라고 했다. 사람이 살아갈 이상적인 모습이라고 여겼던 것이다. 그 생각에 확고한 기틀을 마련해준 게 맹자의 성선설이다. '생명의 약동'을 좋아하는 마음을 본래적으로 타고났다는 성선설! 맹자의 성선설은 이렇게 조선 선비에게서 노래가 되고, 시

---

* 한형조 지음, 《조선 유학의 거장들》, 문학동네, 2008, 50쪽.

† 《퇴계선생문집》권3 : 4 〈임거林居15영詠〉.

가 되고, 춤이 되었다.

《맹자》는 중국에서 나온 책이지만 그곳에선 별로 대접을 받지 못했다. 오히려 고려 말부터 우리나라와 밀접하게 연결되었다. 정도전이 푸릇푸릇한 젊은 나이에《맹자》에 푹 빠져 의지를 다질 때부터 그랬다. 아름답고 정의로운 나라를 위한 혁명, 사관들의 준엄한 논설과 평가, 정책 결정의 자리에서 펼쳐진 고관들의 공적인 태도, 조선의 공공성公共性을 높이려는 선비들의 상소문에서《맹자》는 시퍼렇게 살아 있었다.

《맹자》는 총 7편(편마다 상·하로 되어 있어 도합 14편)으로 되어 있다. 한나라가 끝나가는 기원후 160년 즈음에 조기(108~201)가 그렇게 확정하고 편집한 이래 큰 변화 없이 내려왔다. 이 책은 7편 중 〈양혜왕〉 상·하편 전문을 한 문장도 빼지 않고 다뤘다. 〈양혜왕〉 상·하편은《맹자》맨 앞에 자리하고 있으며, 맹자의 정치경제 사상을 유감없이 펼치고 있다. 또한 맹자 사상의 백미인 왕도정치와 혁명론, 정전제 토지제도가 힘차게 표명되어 있다.

공들이고 애써서 그림을 그려주어 이 책을 돋보이도록 해준 푸른숲의 제자 박설리 님께 깊은 마음을 전하며, 맑고 풍성한 삶을 일구어나가길 빕니다.

2019년 1월 보정산방에서 이양호 씀

| 차 례 |

양혜왕 · 하

물구덩이, 불구덩이에 빠진
백성을 구하는 길

오십보백보

인자무적
어진 사람은
대적할 적이 없다

전쟁 STOP!
농사 짓는 때를 놓치지 않게 해주세요
Please!

사람 죽이기를
즐기지 않는 자

항산항심
안전한 살 길을 마련
해준 다음, 선한 데로
나아가게 교육하라

여민동락
백성과 함께
즐겨라

불인인지심
사람에겐 다른 사람
에게 차마 어쩌지
못하는 마음이 있다

민본주의 혁명
한 나라가 제대로 다스려지
지 않으면 왕을 그 자리에
서 내려오게 함이 옳다

함께 읽는 사람들

 야옹샘 본명은 '이양호'인데, 호가 '야옹野翁(들 야, 늙은이 옹)'이다. 야옹샘 스스로도 알아차리지 못했지만, 본명의 발음과 비슷한 '야옹'으로 누군가에 의해 호가 지어졌고, 야옹샘이라고 부르게 되었다. 아이들은 선생님이 없을 때 '야옹~!' 하며 놀리기도 한다. 실제 생김새도 고양이를 닮았다. 웃을 때 눈가에 주름이 잡혀있고 입가에는 고양이 수염이 난 듯하다(만약 전생이 있다면 고양이였을지도 모른다). 야옹샘은 시대의 배경 지식, 후대의 역사 논쟁들, 동서양의 비슷한 사례 등을 밝혀서 학생들이 좀 더 풍부하게 고전을 이해할 수 있도록 도움을 준다.

뭉술이 공부보다 먹는 것을 더 좋아하는 '뭉술이'는 엉뚱한 질문으로 곧잘 모두를 당황하게 하지만, 다른 친구들에게는 없는 직관과 감수성으로 역사 속 사건과 인물을 마주하게 해준다.

 범식이 틈만 나면 동네 도서관에 가서 책을 읽는 전교 1등 범생이 '범식이'는 얼굴도 잘생긴 데다 모르는 게 없을 정도로 두루두루 해박하다. 친구들이 생각의 가지를 사방팔방으로 뻗쳐 나가게 해준다.

 캐순이 조금만 의심이 가도 그냥 넘어가는 법이 없는 '캐순이'는 깨알 같은 질문을 퍼부어, 역사 인물들의 꿍꿍이를 거침없이 헤집어 낸다. 맹자에게 질문하는 여러 왕들의 속내를 파악하는 데 도움을 준다.

양혜왕 • 상

뭉술   정도전이 가장 좋아한 책이 《맹자》였다고 하던데.

범식   정몽주가 《맹자》를 읽으라며 정도전에게 책을 보내줘서 읽
       었다고 들었어.

뭉술   정몽주는 정도전과 다른 편이었잖아?

범식   마지막엔 그랬지만, 이성계가 위화도 회군을 하고 나서도
       한참 뒤까지 둘은 같은 편이었어.

캐순·뭉술 정말?

범식   정말이야. 위화도 회군 뒤 우왕과 창왕을 몰아내고 공양왕
       을 세울 때까지도 정도전과 정몽주는 뜻을 같이 했어. 두
       분 다 공양왕을 세우는 데 공이 있다며 공양왕한테서 공신
       책봉을 받았을 정도야.

    뭐!! 정몽주가 창왕을 몰아낸 공신이었다고?

캐순 이성계도 공신책봉을 받았겠지?

범식 당근~.

뭉술 정몽주 하면 일편단심, 〈단심가〉인데도?

캐순 뭉술이가 한번 읊어보면 어때? 가능하지?

뭉술 옴마야, 내가 그 정도는 읊지 않겠어? 크크.

이 몸이 죽고 죽어 일백 번 고쳐 죽어

백골이 진토 되어 넋이라도 있고 없고

임 향한 일편단심이야 가실 줄이 있으랴

캐순·범식 오~ 뭉술이, 좋아.

캐순 그런데, 그런 정몽주가 《맹자》를 정도전에게 주었다는 게
좀 엉뚱한데?

뭉술 정몽주가 보내준 책을 읽고 정도전이 혁명을 일으켰으니,
엉뚱해도 많이 엉뚱하네!

범식 정몽주는 그 혁명을 저지하려다 죽었으니, 역사의 아이러
니지.

참으로 아이러니하다. 오랫동안 동지였지만 끝내 적수가
되었던 포은 정몽주와 삼봉 정도전이라니! 한 사람은 마지
막 고려인이 되었고, 또 다른 사람은 첫 조선인이 되었어.

뭉술 마지막 고려인과 첫 조선인이라는 말이 참으로 그럴싸하
다는 생각이 드네. 샘! 정몽주가 정도전에게 《맹자》를 건네

준 얘기를 해주세요.

정도전이 아버지·어머니 상을 연달아 당해 여막살이를 하고 있는데 정몽주가 그에게 《맹자》를 보내주었어요. 정도전에게 《맹자》란 책은 충격 그 자체였던 것 같아요. 몇 년 동안 여막살이를 했기에 여러 책을 읽었을 텐데도, 그때 읽은 책으로 그가 밝힌 것은 딱 이 책뿐이거든요. 그때 정도전은 지금으로 치면 대학생 나이였어요. 그는 《맹자》를 하루에 한 장 또는 반 장씩 읽으며, 한편으론 믿음을 굳히고 한편으론 의문을 던졌다고 해요. 이때의 《맹자》에 대한 '믿음'과 '물음'은 그냥 흩어지지 않고 정도전의 가슴속에 터를 잡고, 씨알을 형성했어요. 이 씨알이 자라서 마침내 민본주의의 깃발이 날리는 조선이 되었다는 것, 여러분도 잘 알 거예요. '좋은 책을 제대로 읽은 사람의 품 안에서, 한 나라가 길러진다'는 것을 보여준 거죠. 이런 역사적 사실을 새기고서 이번 책을 읽도록 하죠. 이 책을 읽고, 여러분 가슴 속에서도 500년을 짱짱하게 서 있게 할 수 있는 사상과 나라가 잉태하길 빌어요.

캐순   다시 생각해보니까, 유학자인 정몽주가 왕을 몰아낸 게 특별히 이상할 건 없다는 생각도 든다. 임금이 잘못하면 임금을 갈아치워야 한다는 게 맹자의 사상이라고 하잖아?

범식 그 정도가 아니라, 맹자는 왕조를 갈아치우는 역성혁명도
     주장했다고 들었어.

뭉술 자,《맹자》를 열어보자.

이롭게 할 방도가 있소?
어짊과 의로움이 있을 따름

맹자가 양나라 혜왕을 찾아뵈었다. 왕이 물었다.

"영감님께서는 천 리를 멀다 하지 않으시고 오셨으니, 틀림없이 우리나라를 이롭게 해줄 방법이 있으시겠지요?"

맹자가 대답했다.

"임금님께서는 어찌하여 이익만을 말씀하십니까? 어짊과 의로움[仁義]이 있을 따름입니다."

"임금님의 물음이 무엇으로 우리나라를 이롭게 해주겠는가이고, 대부大夫들의 물음이 무엇으로 우리 집안을 이롭게 해주겠는가이며, 사士와 서민庶民들의 물음이 무엇으로 나를 이롭게 할까라면, 이는 위아래가 서로 자기 이익을 추구하는 꼴입니다. 이로 인해 나라가 위태로워질 것입니다. 천자天子의 나라에서 그의 임금을 죽이는 자는 반드시 제후諸侯일 것이고, 제후의 나라에서 그의 임금을 죽이는 자는 반드시 대부大夫일 겁니다. 천자가 만 개를 가질 때 제후가 천 개를 갖고, 제후가 천 개를 가질 때 대부가 백 개를 갖는 것이 많지 않은 것이 아닙니다. 하지만 의로움을 뒤로 하고 이익을 먼저 추구하게 된다면, 진실로 남의 것을 빼앗지 않고는 만족하지 않게 될 것입니다.

어질면서도 그의 부모를 소홀히 한 사람은 없었으며, 의로우면서도 그의 임금을 뒤로 하였던 사람은 없었습니다. 임금님께서도 어짊과 의로움에 대하여 말씀하시면 그뿐이실 터인데, 어찌하여 굳이 이익에 대하여 말씀하십니까?"

뭉술   맹자가 양혜왕을 만난 장면으로 책이 시작되는구나.

캐순   동양 고전에선 특히 첫대목이 중요하다고 하던데. 《논어》의 첫 장면만 봐도 그래. "공자가 말했다. 배우고 때에 맞춰 익히니 기쁘지 아니한가! 벗*이 먼 곳으로부터 찾아오니 즐겁지 아니한가! 다른 사람이 알아주지 않아도 서운하지 않으니 군자스럽지 아니한가?"《논어》의 고갱이인, 배움·익힘·즐거움·군자스러움이 첫대목에 다 나오지.

뭉술   《맹자》의 고갱이는 어짊과 의로움이라고 할 수 있겠네.

---

*   요즘 말하는 그냥 친구가 아니다. 뜻을 같이하는 사람, 동지이다. 그렇다고 조직적으로 연결된 관계는 아니다.

캐순 《논어》와 《맹자》 둘 다 유교의 성경이지만, 핵심적으로 다루는 게 서로 다르다는 건가?

범식 핵심 내용만 다른 게 아니야. 내용을 다루는 방식도 달라. 《논어》가 배움에서 익힘으로, 그래서 즐김과 군자다움으로 물 흐르는 듯한 방식을 취했다면,《맹자》는 맞세우는 방식을 취하고 있어. 이익에 대해서 어짊과 의로움이 맞서 있잖아.

뭉술 두 책의 성격이 너무 다를 것 같다.

캐순 공자와 맹자, 두 분의 얼굴과 이미지도 확 달랐을 것 같지 않니?

뭉술 그럴 것 같아.

야옹샘 옛날 선비들도 두 분의 이미지를 아주 다르게 느꼈어요.

캐순 《논어》와 《맹자》 사이에 다른 느낌을 주는 게 또 없을까?

야옹샘 《맹자》의 장면과 《논어》의 장면이 다르다는 생각이 들지 않나요? 그림으로 그린다면 어떻게 그리겠어요?

《맹자》는 양혜왕과 맹자가 만나서, 마주보며 대화하는 모습일 거고.

캐순 《논어》는 "공자가 말했다"로 시작하니까, 공자가 제자들을 앉혀놓고 말하고 있는 모습이겠지.

뭉술 '《맹자》의 대화' VS '《논어》의 말', 이렇게 두 장면이 갈리는데?

범식　'이익' VS '어짊과 올바름'으로 부딪치는 게《맹자》니까 논
　　　쟁이라 할 수 있겠고, 공자의 말은 제자들을 향한 거니까
　　　가르침이라 할 수 있겠다.

캐순　논쟁 방식 대 가르침의 방식으로 두 작품이 갈리는구나.

　　　재미있는데?

야옹샘　좋아요. 여러분이 파악한《맹자》와《논어》의 성격을 더 또
　　　렷이 하기 위해 재미있는 놀이를 해보죠. 먼저, 앞에서 인
　　　용한《맹자》를《논어》말투로 바꾸어 보세요.

범식　가장 핵심이 되는 것이 이익에 맞서는 어짊과 올바름이니
　　　까, 이 낱말을 중점적으로 써서 맹자가 양혜왕에게 말하는
　　　방식으로 하면 되겠다.《논어》의 첫 구절을 다시 한 번 읊
　　　어줄게. "공자가 말했다. 배우고 때에 맞춰 익히니 기쁘지
　　　아니한가! 벗이 먼 곳으로부터 찾아오니 즐겁지 아니한가!
　　　다른 사람이 알아주지 않아도 서운하지 않으니 군자스럽
　　　지 아니한가?"

뭉술　내가 맹자의 생각을《논어》의 말투로 해볼게. "맹자가 양혜
　　　왕에게 말했다. 어짊과 정의를 앞세우니 이익이 저절로 따
　　　라오지 아니한가?"

캐순　그럴 듯하다. 그런데 양혜왕은 빼는 게 좋지 않을까?《논
　　　어》의 첫 장면은 특정한 사람을 두고 하는 말이라기보다는

일반적인 사람에게 하는 것이니까.

범식 그게 더 낫겠다.

뭉술 《논어》를 《맹자》 식으로 표현하는 것은 너희들이 해 봐.

캐순 《맹자》는 대화 투니까, 제자를 등장시키는 게 좋겠지?

범식 제자보다는 다른 학파의 사람을 등장시키는 게 좋을 것 같
아. 그래야 논쟁이 선명해지잖아?

뭉술 그게 좋겠다. 샘! 공자를 심하게 비판했던 사람이 누구죠?

야옹샘 《장자》 책에서 공자를 많이 비판했고, 숨어 사는 은자들도
'공자 저 사람 참 안 됐다' 하는 눈으로 쳐다봤어요.

범식 시작할게. "은자가 말했다. 선생님께서 이렇게 먼 길을 오
셨으니, '저만의 깨달음'이 있겠지요?"

"공자가 말했다. 은자님께선 어찌하여 굳이 자신만의 깨달
음을 말하십니까? 그저 배우고 그것을 익혀 즐길 따름이지
요. 은자님께서 자신만의 깨달음을 말하시면, 더 못난 사람
도 자신만의 깨달음을 말할 것이고, 아주 못난 사람도 역시
자신만의 깨달음을 말할 것입니다. 큰 사람의 깨달음이든
작은 사람의 깨달음이든 깨달음이 아닌 것이 아니지만, 기
쁨과 즐김을 뒤에 놓고 자신만의 깨달음을 앞세우는 사람
에겐, 다른 사람의 깨달음보다 자기 깨달음을 위에 놓지 않
으면 자기가 깨달았다는 포만감이 생기지 않습니다. 결국

서로가 서로의 깨달음을 인정하지 않고, 짓밟은 뒤에야 만족하게 될 것입니다. 은자님은 어찌 굳이 자신만의 깨달음을 말씀하십니까. 그저 배우고 익히며 즐길 따름이지요.

야옹샘 　고전과 성인聖人을 가지고 놀고 있군요~. 공자가 말했듯이 공부는 즐김이고, 즐김은 함께 놀 때 생기니까, 여러분이 틀린 것 하나 없다는 것 알고 있죠? 아주 좋네요. 계속 고전과 성인이랑 노세요.

뭉술 　샘! 천 리나 되는 그 먼 곳을 맹자는 혼자 다녔나요?

야옹샘 　제자들과 함께 갔어요. 수십 명, 수백 명이 맹자 뒤를 따랐다고 해요.

캐순 　그 많은 사람이 움직이려면 돈이 많이 들었을 텐데, 그 돈은 어디서 났어요?

야옹샘 　오는 비용, 체류 비용에다 떠날 때 드는 여비까지 초청하는 쪽에서 다 부담했어요.

　수백 명이면 그 비용이 엄청났겠는데. 요즘 느낌으로 하면 수백억 원이 들었겠다.

뭉술 　그럼 양혜왕이 맹자로부터 들은 이 말은, 그 많은 비용을 들여 이루어진 자리에서 한 말이란 거네. 그런데도 맹자는 양혜왕에게 그렇게 모질게 말했단 말이야?

범식 　맹자는 그만한 가치가 있는 말이라고 여겼을 테니까.

캐순 이건 조금 다른 얘긴데, 조단양이라는 중국인은 워렌 버핏
    과 함께 점심 식사를 하기 위해 211만 달러를 냈대. 점심
    한 끼에 20억 원이 넘는 돈이야.

    헉~~! 점심 한 끼를 같이 먹는 값이 20억?

범식 양혜왕이 "어른께서 천 리를 멀다 여기지 않고 오셨으니"
    라고 한 말은 인사치레가 아니란 생각이 든다. 그 먼 거리
    에서 맹자와 그를 따르는 사람 수백 명을 모셔오느라고 엄
    청나게 돈이 들었다는 소리가 은연중에 그 말 속에 들어있
    는 것 같아.

뭉술 그 많은 돈을 들였으니, 어떻게 해야 이익이 생기는가를 다
    짜고짜 묻는 것도 당연하다는 생각이 들기는 해.

캐순 20억을 넘게 들여 점심을 먹은 조단양도 그랬겠지?

범식 점심을 함께 먹은 것으로 그 이상의 돈을 벌었다고, 조단양
    이 말했다는 글을 읽은 적이 있어.

캐순 맹자도 그 만한 값을 한 걸까?

뭉술 임금이 자기 나라에 이로운 것을 찾는 게 당연한데, 맹자가
    괜히 트집 잡는다고 생각하지 않니?

캐순 그런 것 같지는 않아. 나는 우선 '나라'의 이로움이 아니고
    '내 나라'의 이로움인 게 걸려.

범식 단순한 말투가 아닐까?

뭉술   실제로는 자기 남편이고 자기 마누라이면서도, '우리 남
       편', '우리 마누라'라고 하잖아.

캐순   그건 뭉술이 말이 맞지만, 내 나라·우리나라·이 나라·저 나
       라가 모두 맛이 다르잖아? 더구나 그때는 민주주의 시대도
       아니었고.

범식   일반 사람이 내 나라라고 하는 것과 왕이 내 나라라고 하는
       것은 다를 거라는 생각이 드는데?

뭉술   왕이 내 나라라고 말할 땐 자기만의 나라, 즉 나라를 자기
       소유물로 여긴다는 거지?

캐순   그래. 양혜왕은 지금 '자기 소유물'인 나라에 이익이 될 방
       안이 무엇인가를 묻고 있는 셈이지.

범식   그래서 대부들은 대부들대로 자기 소유물인 자기 집안[지
       방]의 이익을 찾고, 일반 사람들인 사士와 서민 역시 자기
       몸과 가족의 이익을 찾고 있는 거지.

뭉술   모두가 자기 이익 찾기에 푹 빠졌구나.

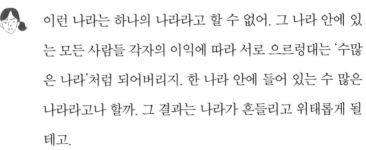

이런 나라는 하나의 나라라고 할 수 없어. 그 나라 안에 있
는 모든 사람들 각자의 이익에 따라 서로 으르렁대는 '수많
은 나라'처럼 되어버리지. 한 나라 안에 들어 있는 수 많은
나라라고나 할까. 그 결과는 나라가 흔들리고 위태롭게 될
테고.

몽술   샘! "천자가 만 개를 가질 때 제후가 천 개를 갖고, 제후가
       천 개를 가질 때 대부가 백 개를 갖는"다는 게 무슨 소리
       죠?

       천자 나라의 크기와 국력을 일만이라고 한다면, 거기에 있
       는 제후는 그 1/10인 일천만큼을 가지고 있고, 제후 나라의
       크기와 국력을 일천이라고 한다면, 거기에 있는 대부는 역
       시 1/10인 일백만큼을 가지고 있었던 당대의 현실을 말하
       고 있어요. 자기 소유가 주군의 1/10 씩이니까 결코 적다고
       는 할 수 없다는 소리지요.

범식   그런데도, 어짊과 정의를 뒷전으로 하고 이익을 앞세우는
       사람은 다른 사람의 것을 깡그리 빼앗지 않고서는 결코 물
       리는 법이 없다는 거지.

몽술   자기 윗사람, 주군의 것도 예외가 없겠네?

캐순   그렇지. 그러니까 서로 이익을 추구하는 사회선 서로가
       서로의 것을 빼앗으려든단 말이지.

범식   "만인이 만인에 대한 늑대"인 사회가 바로 이것이구나.

캐순   서로가 서로의 것을 탐내서 강탈하려고 하지만, 그렇다고
       모두에게 똑같이 책임이 있을까?

몽술   똑같이 책임을 나눠야지. 그게 공평하잖아.

범식   맹자는 그렇게 여기지 않았어. 왕이 자기 이익을 추구하면,

그에 따라 아랫사람들도 자기 이익을 추구한다고 말했어. 근원적인 책임은 한 나라의 우두머리에게 있다는 거지.

뭉술   만인이 만인에 대해 늑대인 사회를 바꾸는 시작도 역시 한 나라의 우두머리이겠지?

캐순   그래서 《맹자》 책 첫 장면을 맹자가, 다른 사람이 아닌 '왕'을 만나 토론하는 것으로 뽑았다고 봐.

범식   어짊과 정의가 충만한 사회가 되느냐 마느냐의 책임은 그 나라 우두머리에게 달려있다는 거야.

캐순   자기 이익을 추구하지 않는 사회가 바람직한 건가? 바람직하다 하더라도, 그런 사회가 생존할 수 있을까?

야옹샘   중요한 물음이에요. 우리가 살고 있는 근대, 특히 자본주의 사회와 많이 부딪히는 생각인 듯해요. 하지만 맹자는 이익을 추구하지 말라고 하지는 않았어요. 양혜왕에게 가장 큰 이익은 뭘까요?

뭉술   자기 것을 더 늘리는 것이겠죠.

   자기 것을 늘리려면, 다른 나라를 침략해 땅과 인민을 자기 것으로 해야 하고.

야옹샘   양혜왕이 소유를 늘리는 방법이 그것만일까요?

캐순   외부가 아니라, 내부에서 빼앗는 방법도 있겠죠.

뭉술   내부 사람끼리 서로 빼앗고 빼앗기면, 정말 서로가 서로에게 늑대인데…….

범식 그런 사회라면, 왕이 자기 자리보전하는 것도 쉽지 않잖아?

 그래요. 맹자가 살았던 때를 '전국戰國시대'라고 하는데, 여러 나라들 간에 전쟁한 제1, 2차 세계대전과 비슷하지 않겠는가 하고 생각하겠지만, 반만 맞는 소리예요. 전국시대엔 나라 안에서도 하극상과 쿠데타가 수도 없이 일어났으니까, 전쟁과 내란이 동시에 터졌던 시대라고 생각하면 얼추 비슷할 거예요.

범식 춘추전국시대라는 게 수백 개의 나라가 백여 개의 나라로, 백여 개의 나라가 수십 개의 나라로 계속 줄어들어 일곱 나라인 7웅이 남고, 마지막엔 진시황에 의해 하나의 나라로 되어버린 때이니까. 그렇기도 하겠네.

뭉술 자기 나라를 유지하는 것만도 양혜왕에겐 큰 이익이라고 할 수 있겠는데?

야옹샘 양혜왕은, 대량大梁 지역으로 도읍을 옮긴 뒤에 대량 지역의 혜왕이라는 뜻으로 붙은 이름이에요. 나라 이름은 위魏니까 위혜왕이라 하는 게 맞지만, 보통 양혜왕이라 불러요.

캐순 왜 수도를 옮겼지?

범식 진나라와의 전쟁에서 패하고, 그 힘에 밀려 동쪽으로 도읍을 옮겼어. 그래서 양혜왕에겐 내·외의 적으로부터 자리를 보전하는 문제가 실제로 심각했을 거야.

몽술　양혜왕이란 명칭엔 전쟁에 패해 도망간 왕, 쪼그라든 나라의 왕이란 이미지가 들어있겠다.

캐순　양혜왕이 맹자를 보자마자 "내 나라를 이롭게 할 방법이 있겠지요?" 하며 물은 건, 그로선 절실한 물음이었구나.

몽술　그런 사람에게 "어찌 잇속을 묻습니까, 어짊과 정의가 있을 따름입니다"라고 말하면 먹힐까?

범식　"정의로우면서도 자기 임금을 뒷자리로 몰아냈던 사람은 없었습니다"란 맹자의 말은, 어짊과 정의를 실천하면 그의 나라를 유지한다는 소리이니까, 어짊과 정의가 결국은 이익을 가져다준다는 거잖아?

캐순　왕이 이익을 추구하면 사회가 온통 이익을 추구하게 되어 결국 아랫사람에게 살해당하기 쉽지만, 윗사람이 어짊과 정의를 추구하면 어짊과 정의가 넘치는 사회가 된다는 거지. 그러면 왕이 쫓겨나거나 버림받을 일이 없다는 '역설'을 맹자는 말하고 있는 거고.

몽술　그럼 맹자도 이익을 부정한 게 아니네.

부정하지 않았을 뿐만 아니라, 어떻게 해야 이익이 가능한지를 밝힌 거지. 이利를 추구하면 불리不利하게 되고, 어짊과 정의[仁義]를 추구하면 이利롭게 된다고 한 셈이니까.

캐순   양혜왕이 맹자에게 한 방 먹은 꼴인데?

현명한 사람이 된 다음에야

맹자가 양나라 혜왕을 찾아뵈었다. 왕은 연못가에 서 있다가 큰 기러기, 작은 기러기와 고라니, 사슴을 둘러보면서 말했다.

"현명한 사람들도 이런 것을 즐깁니까?"

맹자가 대답했다.

"현명한 사람이 된 다음에야 이런 것을 즐길 수 있습니다. 현명하지 못한 사람은 비록 이런 것이 있다 하더라도 즐기지를 못합니다."

캐순   양혜왕이 맹자에게 또 한 방 먹었는데?

뭉술   맹자가 너무 까칠한 거 아냐?

캐순   "현명한 사람도 이런 것을 즐깁니까?" 하고 양혜왕이 물은 게 엉뚱하다고 생각하지 않니? 보통은 '사슴이 뛰노는 게

아름답죠'라든가 '평화로운 정경이네요'라고 하잖아?

뭉술 양혜왕에게 무슨 꿍꿍이 속이라도 있었다는 거니?

캐순 양혜왕 자신은 이런 것을 즐길 수 있는 사람이라고 여겼을까?

범식 그거 재미있는 물음이다. 양혜왕 자신이 그렇게 생각했으니까, 맹자에게 현명한 사람도 이런 것을 즐기냐고 물었겠지?

뭉술 양혜왕 자신은 맹자와 같은 현자라고 할 수는 없지만, 그래도 자기에겐 이런 즐거움이 있다는 소린가?

캐순 하지만, 맹자가 봤을 때 양혜왕은 이런 것을 즐기지 못한다고 하고 있잖아?

뭉술 누구 생각이 맞는 거지?

범식 양혜왕 자신이 즐길 수 있느냐에 관한 것이니까, 양혜왕 자신이 더 잘 안다고 봐야지.

일반적으로는 범식이 네 말이 맞아. 하지만 내 느낌에 대해 때로는 다른 사람이 더 잘 아는 경우도 있잖아. 정신 분석 의사라든가, 심리학자, 수도하는 스님이 나를 더 잘 알 수도 있어.

범식 양혜왕이 자기 자신의 느낌을 아는 것보다 맹자가 양혜왕의 느낌을 더 잘 안다고? 가능하겠네! 맹자 말에서 그 근거를 찾아보자.

뭉술   "현명한 사람이 된 다음에야 이런 것을 즐길 수 있습니다.
         현명하지 못한 사람은 비록 이런 것이 있다 하더라도 즐기
         지를 못합니다."

 느낌이 왔어! 맹자는 소유와 즐김을 구분하고 있어.

뭉술   맹자가 왜 그것을 구분하지?

캐순   양혜왕이 그것을 구분하지 못하고, 소유와 즐김을 동일시
         하기 때문이지. 소유하고 있다고 해서 그것을 즐길 수 있는
         건 아니잖아?

뭉술   "현명한 사람도 이런 것을 즐깁니까"라고 양혜왕이 물었던
         것은 맹자에게 과시하기 위해 내세운 말이었나?

범식   그래서 맹자가 정색을 하고 "현명한 사람이 된 뒤에야 이
         런 것을 즐길 수 있다"고 한 것 같아.

캐순   앞에서 양혜왕이 '이익'에 대해 물었다가 맹자에게 한 소리
         들었잖아? 맹자에게 앙갚음하려고 양혜왕 자신의 소유물
         인 동산과 연못을 맹자에게 상기시킨 것인가?

범식   '맹 선생 당신이 '이익'에 대해 무시하며 그렇게 고상한 척
         하지만, 그래 봤자 당신은 내가 가진 연못도 동산도 없지'
         하며 맹자에게 펀치를 날리고 있었단 말이지?

 '두 노인 양반'(?)이 용을 쓰네, 용을 써!

《시경》에 이렇게 읊고 있습니다.

"[문왕께서] 영대靈臺를 짓기 시작할 적에,

길이를 재고 세우고 하는데,

인민들이 나서서 일해 주어

며칠 못 가 이루어졌네.

짓기 시작할 적에 서두르지 말라고 했건만

인민들은 자식들이 어버이 돕듯 몰려와 일하였네.

임금님께서 영대 동산에 계시는데,

암사슴 수사슴 엎드려 노네.

암사슴 수사슴 살져 윤기 흐르고,

백조는 깨끗 하얗기도 하네.

임금님께서 영대 연못에 계시는데,

아아, 가득히 물고기 뛰놀고 있네.

문왕文王은 인민들의 힘을 빌려 누대도 만들고 연못도 만들었으나, 인민들은 그 일을 기뻐하고 즐거워했습니다. 그들은 그곳을 신령한 영대, 신령한 연못이라 부르면서, 거기에 있는 고라니·사슴·물고기·자라를 즐겼습니다. 옛날의 임금들은 인민들과 함께 즐겼기 때문에 잘 즐길 수가 있었던 것입니다."

〈탕서湯書〉에 다음과 같은 말이 있습니다.

"이놈의 해는 언제나 없어지려나?

우리가 너와 함께 망해 버리리라!"

인민들이 임금과 함께 망해 버리기를 원한다면 비록 누대와 연못과 새와 짐승이 있다 하더라도 어찌 홀로 즐길 수 있겠습니까?"

 샘! "이놈의 해는 언제나 없어지려나? 우리가 너와 함께 망하리라"는 말에 대해 설명해 주세요.

야옹샘 해는 일반적으로 왕을 상징하죠. 여기서 해는 하나라의 폭군으로 알려진 걸왕을 가리켜요. 걸왕이 하나라를 망하게 했죠.

범식 문왕과 걸왕을 대조시켜서 '현자인 뒤에야 연못에서의 즐거움이 있다는 소리'의 의미를 밝힌 거네.

캐순 현자는 그것을 홀로 소유하지 않고, 인민과 함께 누렸기에 그것을 즐길 수 있었다는 거지.

범식 '걸왕이 자기가 가진 것을 결국 즐기지 못했듯, 양혜왕 당신도 당신이 가진 것을 혼자 누릴 수 없을 것이오. 착각하지 마시오'라고 호통 치는 소리가 쩌렁쩌렁하게 들리는 것 같아.

캐순 현자가 왜 현자인지 밝힌 셈이지.

왜 인민의 수가 늘지 않소?

오십보백보

양혜왕이 말했다.

"나는 나라를 다스리는 일에 성의를 다하고 있습니다. 하내河內 지방에 흉년이 들면 그곳 인민들을 하동河東 지방으로 옮기고, 반대로 곡식은 하내 지방으로 옮겨 줍니다. 하동 지방에 흉년이 들면 정확히 반대로 합니다. 이웃 나라들의 정치를 살펴보면 나처럼 마음을 쓰고 있는 임금이 없습니다. 그런데 이웃 나라들의 인민 수는 줄어들지 않고, 우리나라 인민의 수는 늘어나지 않고 있으니, 어째서 그렇습니까?"

맹자가 대답했다.

"임금님께서는 전쟁을 좋아하시니 전쟁으로 비유하도록 하겠습니다. 둥둥 진군의 북이 울리어 창칼을 맞대고 싸우다가, 갑자기 갑옷을 벗어 버리고 무기를 땅에 끌면서 도주를 하는데, 어

떤 자는 백 발짝 달아난 뒤에 멈추고 어떤 자는 오십 발짝 달아
난 뒤에 멈췄다고 해보지요. 이때 오십 발짝 달아난 자가, 백 발
짝 달아난 자를 보고 비웃는다면 어떻습니까?"

"안 되지요. 단지 백 발짝 달아나지 않았다 뿐이지, 그도 역시
도망친 거지요."

"임금님께서 그러함을 아신다면, 이웃 나라보다 이 나라의 인
민들이 더 불어나기를 바라지 마십시오."

캐순　양혜왕은 자기는 흉년이 들지 않은 지역에서 흉년 든 지역
　　　으로 곡식을 옮겨오고, 그 두 지역에 사는 사람은 그 반대
　　　로 한다고 하면서, 자기처럼 하는 이웃 왕들이 없는데도 자
　　　기 나라 인민이 늘어나지 않는다며 맹자에게 불만을 쏟는
　　　데 왜 그럴까?

　양혜왕이 이 말을 하는 의도는 또 뭐지?

범식　맹자가 앞에서 어짊과 정의를 일삼으면 저절로 이익이 생
　　　긴다는 투로 말했잖아? 양혜왕은 지금 자기가 흉년 든 사
　　　람들을 구제하는 어진(인仁의) 정치를 하고 있다는 거지.

뭉술　인구가 늘어나는 게 좋은 건가?

범식　양혜왕은 자기가 어진(인仁한) 정치를 폈는데도 나라는 부
　　　강해지지 않았다며, 맹자의 논리를 반박하고 있는 거야.

캐순 두 황소가 서로 뿔을 걸고 한 발짝도 밀리지 않으려고 용을 쓰고 있구먼?

범식 나는 "오십 발짝 달아난 자가 백 발짝 달아난 자를 보고 비웃는다"는 비유에 양혜왕이 버티지 못하고 있다는 생각이 드는데?

뭉술 오십 발짝은 뭘 뜻하지?

범식 양혜왕이 정치를 잘하고 있다고 든 것들이 오십 발짝에 해당하지.

캐순 흉년이 들어 먹을 것이 없는 사람들을 농사가 잘 된 곳으로 옮기고, 연약한 노약자들을 위해서는 흉년이 든 곳으로 곡식을 옮겨오는 것은 잘한 일이야. 그것을 오십 발짝 도망간 것으로 비유한 것은 썩 어울린다는 생각이 안 드는데?

뭉술 양혜왕이 충분히 잘하지 못하면서도 잘한다고 여기고 있는 것을 맹자가 비판한 것으로 보면 되잖아? 비유니까.

      아니야. 맹자의 말투는 양혜왕이 조금 잘하고 있다는 투가 아니라, 이웃 왕들보다 조금 '덜 잘못'하고 있을 뿐이라는 투야. 그래서 딱 들어맞는 비유인 거지.

"농사지을 때를 어기지 않으면 곡물은 다 먹을 수 없을 정도일 것입니다. 그물눈이 촘촘한 그물을 웅덩이나 연못에 넣지 못하게 하면, 물고기와 자라는 다 먹을 수 없을 정도로 많아질 겁니다. 도끼와 자귀를 든 사람으로 하여금 특정한 계절에만 나무를 벨 수 있게 하면 재목은 다 쓸 수 없을 정도로 많아질 것입니다.

곡식과 물고기, 자라가 다 먹을 수 없을 정도로 많고, 재목 또한 다 쓸 수 없을 정도가 되면, 이것은 인민들로 하여금 살아있는 자를 봉양하고, 죽은 자를 장사지내는 데 유감이 없게 하는 일입니다. 이것이 왕도의 시작입니다.

한 농가가 5묘畝*의 집터와 텃밭 둘레에 뽕나무를 심기만 해도 쉰 살이 넘은 사람은 비단옷을 입고 살 수 있습니다. 닭과 돼지, 개를 길러 그것들이 번식할 때를 놓치지 않게 한다면 일흔 살이 넘은 분들은 고기를 먹고 살 수 있습니다. 한 농가에게 주어진 40마지기(100묘)의 논밭을 가꿀 때를 놓치지 않게 해준다면, 식구가 굶을 일은 없습니다.

상庠과 서序와 같은 학교를 진흥시켜서, 효도하고 우애 있는 삶이 만들어내는 의로움을 반복해서 가르치시면, 머리가 희끗희끗한 사람들이 무거운 짐을 등에 지거나, 머리에 이고 길을 다니는 일은 없을 겁니다.

쉰 살이 넘은 사람은 비단옷을 입고, 일흔 살이 넘으면 고기를

---

* 무라고도 읽는다. 1묘의 넓이는 243제곱미터, 80평이므로, 5묘는 두 마지기 정도다.

먹으며 살고, 젊은 사람들은 굶거나 춥게 살 걱정을 하지 않게 만들어주어야 합니다. 그러고서도 천하에 왕노릇 하지 않은 사람은 있어본 적이 없습니다.

캐순   갑자기 왕도 정치를 말하는 까닭이 뭐지?

범식   앞에서 맹자가 양혜왕에게 그 정도의 정치를 해놓고서, 인민들이 이웃 나라보다 불어나기를 바라는 건 문제가 있다고 했잖아. 그것을 원한다면 '왕도 정치'를 하라는 소리지.

문술   범식아! 왕도 정치가 뭐야?

범식   왕도 정치는 패도 정치와 대비 돼. 패도 정치는 실제로는 힘으로 정치를 하면서도, 어진 정치를 하는 것처럼 포장을 하는 정치야. 왕도 정치는 실제로 어짊과 정의의 덕으로 하는 정치이고.

아웅샘 왕도 정치의 구체적이고 기본적인 내용은 방금 읽은 본문에 나와 있어요. 그 내용을 항목으로 가닥을 지어 보세요.

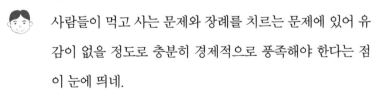

사람들이 먹고 사는 문제와 장례를 치르는 문제에 있어 유감이 없을 정도로 충분히 경제적으로 풍족해야 한다는 점이 눈에 띄네.

그 다음엔, 사람들을 가르쳐서 효도하고 우애하며 살게 해야 한다. 이것이 왕도 정치의 모습이라는 거구만.

범식   먼저 경제적인 문제를 해결해 주고, 그 다음 교육을 시켜주는 것이 왕도 정치니까, 현대 국가에도 기본적으로 해당되는 소리야.

뭉술   경제적인 문제를 해결해 주는 게 쉽지 않을 텐데?

범식   당시에 농토는 충분했어. 문제는 농사지을 시간이 없었던 거지.

뭉술   아니, 왜? 농사꾼은 뭐하고?

범식   맹자 때 왕들은 건듯하면 인민을 전쟁에 동원했거든. "농사지을 때를 어기지 않게 하라"는 건 최소한 농사철엔 부역으로 동원하거나 전쟁을 일으키지 말라는 소리야.

    그때 전쟁이 그렇게 많았나?

범식   맹자가 쉰 살이 넘은 때부터 진나라한테 모든 나라가 망할 때까지(기원전 321~221년), 전국시대의 마지막 100년 중 진나라는 80년간 전쟁을 했고, 양혜왕의 위나라는 38년간 전쟁을 했대.[*]

뭉술   뭐~? 100년 중 80년을 전쟁했다고?

범식   그래. 이 기간에 진나라가 다른 나라 병사를 죽인 수를 들으면 더 놀랄 거야! 무려 160만 명을 죽였대. 여기엔 전쟁

[*]   양쯔강 지음, 고예지 옮김, 《천추흥망, 진나라편》, 따뜻한손, 2009, 118쪽.

통에 죽은 일반 인민들과 진나라 병사의 수는 들어가지도 않았어.[*]

캐순   전쟁은 병사보다 일반적으로 어린애, 여성, 늙은이가 더 죽 어나가잖아? 도대체 얼마나 죽은 거야?

범식   '농사를 짓게 하라'는 말이 그냥 하는 말이 아니야. 양혜 왕의 위나라도 진나라만큼은 아니지만 전쟁을 많이 했어.

아옹샘   "그물눈이 촘촘한 그물을 웅덩이나 연못에 넣지 못하게 하 라"는 말 역시 왕도 정치의 또 다른 사항이에요. 이점에 대 해 생각해보죠.

캐순   자연의 자정 작용과 증식 능력 이상으로 자연을 약탈하지 말라는 말이 아닐까?

뭉술   요즘도 이런 말 하잖아?

범식   어려운 말로 '지속 가능한 발전'이라고 하지.

캐순   '가축들의 임신 시기를 놓치지 말라'는 것은 가축의 성장에 따른 변화와 자연의 리듬을 존중하라는 것이겠지?

 그거, 현대 생태학에서 하는 소리잖아?

뭉술   맞아. 맹자의 말에 따라 살면, 지금도 먹고 사는 데 지장이 없을 거야. 참 간단한데! 2,000년이 더 지난 지금에도 못하

---

[*]   양쯔강 지음, 고예지 옮김, 《천추흥망, 진나라편》, 따뜻한손, 2009, 138쪽.

는 까닭이 뭐지?

범식   맹자가 말한 대로지. 이익을 앞세우고 어짊과 정의를 뒷전
      으로 놓는 욕심 때문이지.

[흉년이 들어 사람이 죽어나가고] 개·돼지가 사람이 먹어야 할
것을 먹고 있는데도 그것을 단속하지 않고, 길에는 굶어죽은 시
체가 뒹굴고 있는데도 곡식창고를 풀어 나누어줄 생각을 않고
서는, 사람이 죽으면 '이건 내 탓이 아니야. 흉년 때문이야!'라고
한다면, 칼로 사람을 찔러죽이고 나서, '이건 내 탓이 아니다. 칼
때문이다!'라고 말하는 것과 뭐가 다르겠습니까? 임금님께서
흉년 탓을 하지 않으신다면, 곧 천하의 인민들이 몰려들게 될 것
입니다."

캐순   "쉰 살이 넘은 사람은 비단옷을 입고, 일흔 살 넘으면 고기
      를 먹으며 살고, 젊은 사람들은 굶거나 춥게 살 걱정을 하
      지 않게 만들어주고서도 천하에 왕노릇 하지 못한 사람은
      없었다"는 말을 앞에서 했어. 그 말과 여기에 나온 상황은
      완전히 대비되는데?

뭉술   맹자 자신이 생각하는 정치와 양혜왕이 실제로 한 정치는
      그 정도로 다르다는 걸 확실히 알려주고 싶었던 거겠지?

범식   일반 사람들은 굶어 죽고 있는데, 유력자의 개와 돼지는 호
       의호식하고 있어. 곡식으로 가득 찬 그들의 창고는 꽉 닫혀
       있는 현실, 서글프다.

       그때와 똑같지는 않지만, 지금도 비슷하지 않니?

캐순   맹자의 이 비판은 지금 우리 시대에도 적용된다고 생각해.

       맹자의 비유가 참으로 돋보이기는 한데, 꿀꿀하다.

뭉술   기후가 나빠서 흉년이 들어 죽어나가는 사람이 있을 때, 그
       것을 왕의 탓으로 돌리는 것은 지나친 게 아닌가?

범식   왕의 임무가 뭐니? 무엇보다도 먼저, 인민들을 먹여 살리
       는 거잖아?

뭉술   그래도 이건 자연의 문제잖아.

캐순   그것을 감당할 능력이 없으면 그 자리에서 내려와야지.

뭉술   맹자가 그렇게 생각했을까?

다르지 않지요

칼로 죽이는 것과 정치로 죽이는 것은 다릅니까?

양혜왕이 말했다. "저는 편안한 마음으로 가르침을 받고 싶습니다."

맹자가 대답했다. "사람을 죽이는 데 몽둥이로 죽이는 것과 칼로 죽이는 것이 다릅니까?"

"다르지 않지요."

"칼로 죽이는 것과 정치로 죽이는 것은 다릅니까?"

"다르지 않지요."

"임금님의 푸줏간에는 살이 오른 고기가 있고, 마구간에는 포동포동한 말이 있습니다. 그런데 인민들에게선 굶은 기색이 역력히 나타나고, 들판에는 굶어죽은 시체가 뒹굴고 있습니다. 이는 짐승을 몰고 와 사람들을 먹이는 것입니다. 짐승들끼리 서로 잡아먹는 것도 사람들은 싫어합니다. 인민의 부모가 되어 정치를 한다면서, 짐승들을 몰고 와 사람들을 잡아먹게 한다면, 그가 인민의 부모가 된 점을 어디에서 찾을 수 있겠습니까? 공자께서 말씀하셨지요. '맨 처음 인형을 땅에 묻은 자는 후손을 두지 못했을 것이다.' 사람의 모습을 본떠 만든 것을 장례 때 썼기 때문입니다. 사람 모양을 땅에 묻은 것만으로도 이럴진대, 어떻게 산 사람을 굶어죽게 할 수 있단 말입니까?"

뭉술   맹자의 비유, 정말 감탄스럽다.

범식   왕을 옴짝달싹 못하게 만드는 게 통쾌하고 탄성이 나오기는 한데, 기쁘지는 않아!

캐순   이제서야 양혜왕이 비로소 고분고분해진 건가? "나는 편안한 마음으로 가르침을 받고 싶습니다"라고 한 걸 보면.

범식   양혜왕이 그렇게 요구했는데도, 뒤따르는 맹자의 말은 '편안하지' 않아.

    양혜왕이 말로만 그렇게 하면서 마음은 그렇지 않다고 여겨서 그런가?

캐순   양혜왕이 받고 싶다는 가르침은 뭐지?

범식   앞에서 '사람이 죽어나갈 때 왕이 흉년 탓을 해서는 안 된다'고 맹자가 말했잖아? 그 말을 양혜왕이 못 받아들이겠다는 소리가 아닐까? 자세히 설명해 보라는 거지.

뭉술	그래서 맹자가 그렇게 신랄했나!
범식	칼로 죽이나, 정치를 잘못해서 사람을 죽이나 똑같다!
캐순	곡식이 없어서 인민들이 굶어죽는 게 아니라는 사실이 진짜 문제지.
뭉술	있는 사람들은 맛있는 고기를 먹으려고 소·돼지에게 곡식을 막 먹여 소·돼지가 살이 올라 있고, 그들이 타는 말은 잘 먹어 윤기가 자르르 흐르고.
	사람이 죽어가는 판인데도 그렇게 하는 건, "짐승을 몰고 와서 산 사람을 먹이는 것이다"라는 거야.
캐순	그 말을 맹자는 '비유'로 말한 게 아니라 '사실'처럼 말하고 있어. 그만큼 지독한 때였던 거지.
범식	사태가 이 지경인데도 양혜왕은 그것을 막지 못하고 있었고.
캐순	맹자가 생각하기에 이것은 정치로 사람을 죽이고 있다는 거지.
뭉술	어떤 정치를 펴야 하지?
캐순	왕 자신의 창고부터 시작해서 유력자들의 창고를 열게 해야지. 그게 올바른 정치지.
뭉술	흉년에 양혜왕이 구호 조치를 폈다라고 했잖아?
범식	자기와 유력자들의 창고를 열어서 곡식을 푼 게 아니고,

흉년이 들지 않은 지역 인민들의 곡식을 가져다주었을 뿐이야.

 그래 놓고도 자기는 정치를 잘 한다고 여기고 있는 거지.

뭉술 지금도 재벌은 돈이 차고 넘쳐서 쓸 곳을 못 찾고 있다고 하던데…….

원한을 씻고 싶소?
어진 사람은 대적할 적이 없소

양혜왕이 말했다.

"진나라*는 천하에 적수가 없는 나라였다는 것은 선생께서도
잘 아십니다. 과인의 때에 이르러 동쪽으로 제나라에 패해(기원
전 341년의 마릉馬陵 전투) 과인의 장남이 거기에서 죽었습니다. 서쪽
으로는 진秦나라에게 700리 땅을 잃었고(기원전 340년), 남쪽으로
는 초나라에게 모욕을 당했습니다. 과인은 이것을 치욕으로 여
기고 있습니다. 죽은 사람들을 위해 원한을 싹 씻어내고 싶은데
어떻게 하면 되겠습니까?"

캐순   이제야 양혜왕이 자기 속마음을 터놓는데?

---

*   진晉나라는 한·위·조 셋으로 갈렸는데, 그 중 하나가 양혜왕의 나라인 위魏나라다. 양혜
     왕은 자기가 진나라의 정통이라고 생각해서 이렇게 말한 것이다.

범식   분명하게 말은 안 했지만, 굶어 죽어가는 사람을 창고를 열
        어서까지 구제하지 않은 까닭도 밝힌 셈이지.

뭉술   자기가 당한 치욕을 씻고, 옛날 자기 나라의 영화를 다시
        드러내고 싶다는 건데…….

캐순   양혜왕이 제나라와 진나라에 패한 것에 대해 자세히 설명
        해 줄 사람~?

     양혜왕은 초반기에는 중국에서 가장 강력한 왕이었어요.
그런데 두 사람을 몰라본 바람에 내리막길을 걷게 되었죠.
《손자병법》으로 유명한 손빈*과 상앙†이 그들이에요. 원래
이 두 사람은 위나라 양혜왕 밑에 있으려 했어요. 그런데
손빈은 방연의 방해로 양혜왕에게 접근을 못했고, 상앙은
양혜왕이 등용을 하지 않아 다른 나라에 가게 됐어요. 양혜
왕이 패했을 때 제나라 군대를 이끈 사람은 손빈이었고, 진
나라 군대를 이끈 이는 상앙이었어요. 그 사실을 알고 있는
양혜왕 입장에선 가슴이 엄청 쓰렸을 거예요. 위나라(양혜왕)
가 제나라와 진나라에 패한 게 전국시대 세력판도에 엄청난
영향을 미쳤어요. 중요하니까 잘 알아둘 필요가 있어요.

---

*   최근 무덤에서 《손빈병법》이 발견되어, 기존의 《손자병법》은 손무가 쓴 것으로 밝혀졌다.

†   원래 이름은 공손앙이고 나중에 상 땅을 받아 상앙이 되었다.

뭉술 맞아요. 손빈이 그렇게 된 게 생각났어.

캐순 뭉술아, 어떻게 알았어.

범식 뭉술이가 《열국지》나 《사기》에 나오는 전쟁 얘기에 관심이 많잖아?

 손빈과 방연은 같은 선생 밑에서 배운 친구인데, 방연이 먼저 양혜왕에게 발탁돼서 손빈을 위나라로 불렀어. 손빈의 관직을 얻어주겠다며 위나라로 오라고 했지만, 사실은 방연 자신보다 능력이 뛰어난 손빈을 제거하기 위해서였지. 손빈이 오자 그를 요상한 법으로 얽어매 얼굴에 먹물로 문신을 새겼어. 영원히 그가 중죄인인 것을 모두가 알게 한거지. 그것으로도 안심이 안 돼서 방연은 손빈의 무릎을 절단 내 앉은뱅이로 만들어버렸어. 그러자 손빈은 위나라에 와 있던 제나라 사신과 접촉해 그를 따라 제나라로 도망갔어. 거기서 제나라의 명장 전기田忌의 눈에 들어 제나라 위왕을 모실 수 있게 되었지. 손빈과 전기는 호흡이 잘 맞아, 제나라를 강국으로 만들었어. 방연이 이끄는 양혜왕의 나라에 복수를 했지. 당시 양혜왕의 위나라는 중원의 강국이었지만, 손빈은 제나라 군대를 이끌고서 양혜왕의 군대를 박살냈어. 결국 방연을 자살케 만들고, 양혜왕의 장남까지 포로로 잡아 죽게 만들었지. 그 유명한 '마릉 전투'에서 있었던 일이야.

캐순 양혜왕이 "과인의 때에 이르러 동쪽으로 제나라에 패해 과인의 장남이 거기에서 죽었습니다"라며 설욕해야겠다고 했던 마릉 전투(기원전 341년) 말이지? 뭉술아, 마릉 전투를 좀 더 자세하게 얘기해 줄 수 있어?

뭉술 물~론이지. 먼저 계릉 전투(기원전 353년)부터 알아야 해. 마릉 전투가 있기 13년 전 일이야. 위나라 양혜왕은 이 전투에서 손빈과 전기 장군에게 혼쭐이 났지. 양혜왕의 군대(위나라)가 조나라를 침략하자, 조나라는 제나라에 구원 요청을 했어. 위나라는 강국이어서 조나라를 손쉽게 정복하는 듯했어. 위나라가 조나라의 수도인 한단을 점령하려는 순간, 제나라 군대가 조나라를 구하기 위해 위나라 국경에 육박했다는 소리가 들려왔지.

제나라가 조나라를 구하러 가는데 조나라로 가지 않고 위나라로 갔단 말이야?

뭉술 맞아. 위나라 방연은 어쩔 수 없이 군대를 거두어서, 자기 나라를 지키러 허겁지겁 갔지. 손빈은 방연이 계릉 쪽으로 올 것을 알고 거기에서 군대를 숨겨두고 기다리고 있었어. 이것을 모르고 왔던 방연은 제나라 군사에게 참패했지. 승리의 주역은 손빈과 전기 장군이었고.

범식   손빈이 구사한 이 전법을 '위위구조魏救趙(위나라를 포위해 조나라를 구했다는 뜻)'라 하지. 《36계》[*] 책의 두 번째 계책으로 실릴 정도로 독창적이고 돋보인 전술이었어.

뭉술   그로부터 13년 뒤(기원전 341년), 위나라 양혜왕이 이번에는 한나라를 침략했어.

  또? 양혜왕은 전쟁광이었나 보다. 맹자에게 욕먹어도 싸다는 생각이 든다.

뭉술   한나라도 제나라에 구원을 요청했지. 제나라는 논의에 들어갔고, 손빈의 강력한 주장으로 한나라를 돕기로 했어. 한편 위나라는 한나라를 공략하는 데 애를 먹었어. 당시 한나라는 신불해의 변법으로 나라의 국력이 많이 신장되어 있었거든. 게다가 제나라에서 군대를 보내올 것이라는 소식에, 한나라는 있는 힘을 다해 위나라의 공격을 여러 차례 막아냈지. 성을 지키려는 측과 빼앗으려는 측의 싸움이 지루하게 전개되고 있을 때, 위나라 진영에 급보가 도착했어. 전기와 손빈이 거느린 제나라 군대가 위나라 대량을 향해 진군하고 있다는 것이었어.

---

[*] 명말청초에 만들어진 작자미상의 책이다. 《36계》와 《손자병법》을 혼동하는 사람이 많지만, 《36계》는 역대 병법서를 비롯해 다양한 책에서 전략 전술의 정수만을 추출한 병법서이다. 미인계, 반간계, 성동격서, 원교근공, 위위구조, 줄행랑 등이 실려 있다.

범식   앞서 위나라가 조나라를 침범했을 때, 제나라가 조나라를 구하려고 위나라로 바로 진격했던 계릉 전투와 똑같은 전술을 쓴 거지.

캐순   위나라도 그것에 이미 대비를 했겠지.

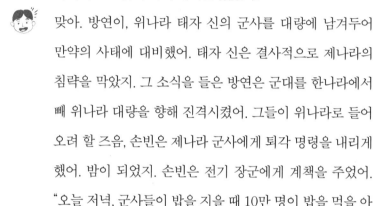 맞아. 방연이, 위나라 태자 신의 군사를 대량에 남겨두어 만약의 사태에 대비했어. 태자 신은 결사적으로 제나라의 침략을 막았지. 그 소식을 들은 방연은 군대를 한나라에서 빼 위나라 대량을 향해 진격시켰어. 그들이 위나라로 들어오려 할 즈음, 손빈은 제나라 군사에게 퇴각 명령을 내리게 했어. 밤이 되었지. 손빈은 전기 장군에게 계책을 주었어. "오늘 저녁, 군사들이 밥을 지을 때 10만 명이 밥을 먹을 아궁이를 만드십시오. 그리고 날마다 그 숫자를 절반으로 줄여나가십시오."

캐순   아니, 아궁이를 줄이는 게 무슨 군대 전술이야?

범식   싸우러 왔다가 이기지 못하고 퇴각하는 군대라는 걸 이용한 전술이지.

캐순   아궁이 수를 줄이지 않더라도 저절로 줄어들겠네. 도망병이 속출할 테니까.

 바로 그거야!

캐순   그게 왜 퇴각하는 제나라에 유리하지? 제나라가 세운 계책이니까 제나라에 유리해야 하는 거잖아!

그러니까, 너는 손빈이 아닌 거지. 손빈은 전기 장군에게 그 계책에 대해 설명했어. "방연과 함께 배울 적에, 방연은 아궁이 숫자를 세서 적의 병력을 계산하곤 했지요. 그는 이 번에도 그렇게 할 것입니다. 우리 군대의 아궁이가 줄어들면, 반드시 방연은 우리 군대에 탈영병이 속출하고 있다고 생각할 겁니다. 그러면 방연과 위나라군은 조바심을 내며 추격하겠지요."

범식 손빈의 이 계책을 '감조지계減竈之計', 즉 아궁이를 줄여 적의 눈을 속이는 계책이라 하지.

캐순 방연이 속을까? 손빈이 꾀쟁이라는 걸 방연도 잘 알잖아?

뭉술 어쨌든 속아 넘어갔어. 방연은 제나라 군대에 탈영병이 많아서 사기가 말이 아닐 거라고 여기고 빨리 치욕을 되갚을 것만 생각했지. 방연은 태자 신과 군사를 기병 위주로 편제해서 질주해 나가고, 조카인 방총에게 나머지 군사를 이끌고 뒤따라오게 했어. 그만큼 마음이 급해진 거지. 드디어 손빈의 군대가 마릉에 도착했어.

범식 마릉 전투가 일어났던 바로 그곳에 온 거지.

뭉술 손빈은 마릉 계곡에 있는 나무들을 베어서 길 여기저기에 흩어놨어. 그 가운데에 커다랗게 서 있는 나무 하나는 베지 않고 그대로 두었지. 그 나무의 껍질을 벗기고는 거기에 글씨를 큼지막하게 썼어. 그러고는 병사들에게 무언가 힘주어 명령을 내렸지.

캐순 뭐라고 명령을 내렸는데?

뭉술 저녁이 되고 어두워지자, 방연이 이끄는 군사들이 계곡에 도착했어. 잘려나간 나무 사이에 큼지막하게 서 있는 나무가 눈에 띄었겠지. 껍질이 홀랑 벗겨져 하얀 속살을 드러내고 있었어. 방연이 그 나무를 향해 갔어. 글자가 써져 있는데, 어두워서 잘 보이지 않았지. 글자를 읽으려고 방연은 횃불에 불을 붙이게 했어. 횃불을 나무 가까이 가져와 글을 읽었지. 갑자기 방연의 입에서 탄식이 터져 나왔어.

 뭐라고 써져 있었는데?

뭉술 그때 사방에서 무수히 많은 화살이 날아왔어. 위나라 군사는 속수무책으로 쓰러지고 마릉 전투는 제나라의 일방적인 승리로 끝났지.

캐순 손빈이 계곡 양쪽에 병사를 배치한 뒤, 병사들에게 내린 명령이 뭐였는지 알겠다. 횃불을 켜 나무의 글씨를 읽는 순간, 그곳에 집중 사격하라는 지시였을 거야. 글은 특별히 의미가 없는 것이었겠네.

뭉술 껍질이 벗겨져 하얀 속살을 드러낸 나무 위에 써져 있던 글

은 무의미한 내용이 아니었어. "방연은 이 나무 밑에서 죽었다[龐涓死于此樹之下]. 군대 전략가 손빈이 알려줌[軍師孫示]."

캐순 자신을 앉은뱅이로 만든, 한때의 친구에게 그렇게 복수를 했구나. 손빈이 남긴 글이 멋있으면서도 애잔하다. 방연은 그 자리에서 죽었겠지?

뭉술 그 역시 화살을 맞고 중상을 입기는 했지만, 다음과 같은 말을 남기고 자결했대. "결국 어린놈의 이름을 떨치게 해주었구나[遂成豎子之名]!"

캐순 야, 뭉술이 너 멋지다. 이것들을 다 어떻게 알게 됐니?

뭉술 그러게 책을 읽으세요, 책을~~.

캐순 무슨 책?

풍몽룡이 쓴《동주열국지》에 다 나와. 그냥《열국지》라고도 하지.

뭉술 그런데 나는 방연이 손빈에게 또 속아 넘어간 게 이해가 안 돼.

범식 나도 그래. 손빈이 전술과 계책에 능하다는 것을 방연이 누구보다 잘 알고 있었는데, 왜 속지?

캐순 조나라를 구원할 때처럼 똑같이 해서, 방연이 손빈을 대수롭지 않은 인간이라고 생각하게 한 거지. 방연은 손빈에 대한 콤플렉스 때문에, 자신이 손빈의 계책을 미리 알았다는 게 너무 기뻐 손빈이 일부러 져준 것조차 계책일 거라는 생각을 할 수 없었던 거지. 아니 하고 싶지 않았다는 게 더 맞을 것 같다. 방심하게 한 거야.

뭉술 와아, 정말 그럴 듯한데? 속내를 알아차리는 데는 확실히 캐순이가 최고란 말이야.

 마릉 전투는 중국 전체에 엄청난 파급력을 끼쳤어요. 양혜왕은 할아버지 위문후와 아버지 위무후 때 이룬 부국강병을 이어 받아, 양혜왕 초기는 패자를 자임하던 상황이었죠. 하지만 이 전투에서 패하면서 위나라의 위상은 흔들렸고, 다시는 천하를 다투는 자리에 끼지 못했어요. 반면 승전국인 제나라는 새로운 강자로 군림하게 되었죠. 한편 마릉 전투가 끝난 다음 해, 진나라가 상앙의 계략에 힘입어 위나라를 물리치고 하서 땅을 점령하는(되찾는) 일이 발생해요. 이 일은 진나라가 중원 사회에 확실한 강자로 등장하는 직접적인 계기가 되었으니까, 마릉 전투가 중국의 판도를 어떻게 요동치게 했는지 알 수 있을 거예요.

범식 아, 진나라를 강대국으로 만들어준 상앙도 양혜왕이 잘못해 놓쳤던 게 생각났어! 위나라(위나라의 수도가 대량이어서 양나라라고도 한다.) 재상 공숙좌가 죽으면서 '상앙(당시 이름은 공손앙)'을 추천했는데, 양혜왕이 그를 어리다고 쓰지 않아, 상앙이 진나라로 가버린 일이 있었지.

캐순 조금 자세히 말해봐.

재상 공숙좌가 죽을 날이 얼마 남지 않았다는 소리를 양혜왕이 들었어. 양혜왕은 병문안을 가서 공숙좌에게 그의 뒤를 이을 재상을 추천해 달라고 했지. 공숙좌는 공손앙을 추천하며, 유언했어. "공손앙을 재상으로 삼아주십시오. 위나라를 반드시 강대국으로 만들어 줄 것입니다. 만약 그를 등용할 마음이 없으시면 반드시 그를 죽여서 다른 나라로 가는 일일랑 없게 해야 합니다." 그런데도 양혜왕은 '어린 공손앙이 뭘 안다고 그러지. 공숙좌가 죽게 되자 정신이 혼미해진 게 틀림없어'라고 생각하고 공손앙을 등용하지도, 죽이지도 않았지. 등용이 되지 않자 실망한 공손앙은 진秦나라로 갔어. 진나라 효공은 그를 만나 그가 내세운 변법(새로운 법이라는 의미)을 듣고, 그를 재상에 임명해 변법을 추진하게 했지. 진나라는 상앙이 세운 변법을 통해 부국강병에 성공했어. 진시황에 의한 중국통일은 상앙의 변법이 그 주춧돌로 밑에 놓여 든든하게 받쳐주었기에 가능했다고 할 수 있을 정도야. 위나라가 마릉 전투(기원전 341년)에서 제나라에 대패하자, 이 기회를 놓치지 않고 상앙이 재빨리 위나라를 침략(기원전 340년)해 하서 땅을 빼앗은 것은 야옹샘이 이미 말씀하셨고. 이 패배로 위나라는 안읍安邑에서 동쪽에 있는 대량大梁으로 수도를 옮기게 되었지. 양혜왕은 공숙좌의 말을 듣지 않은 걸 후회했지만, 힌 번 일어난 일은 돌이킬 수 없는 법.

캐순   양혜왕이 맹자를 초대해 만난 것은 그 일이 있은 뒤이겠다.

맞아. 빼앗긴 땅을 되찾고 싶기도 하고, 제나라에 당한 패배도 설욕하고 싶기도 했겠지.

캐순   설욕하는 방법이 있을까?

뭉술   그래서 맹자를 모셔왔잖아.

캐순   위나라가 다시 강대국이 되는 길을 맹자가 가르쳐 줄 수 있을까?

맹자가 대답했다. "땅이 사방 백 리만 되어도 천하에 왕 노릇을 할 수 있습니다. 왕께서 인민들에게 어진 정치를 베푸시어, 형벌을 줄이고, 세금을 낮춰주고, 땅을 깊게 갈고 제때에 김을 매게 해주십시오. 또한 청년들이 농사짓는 틈틈이 효孝·제悌·충忠·신信의 덕성을 닦게 해서, 집에 들어가서는 부모·형제를 섬기고, 나와서는 웃어른을 잘 섬기도록 하십시오. 그러면 전쟁이 났을 때 인민들 모두 나무 몽둥이라도 들고 나와, 견고한 갑옷이나 예리한 무기로 무장한 군사가 진나라 병사건 초나라 병사건 모조리 쳐부수고 말 것입니다.

진나라나 초나라에서는 인민들을 시도 때도 없이 동원하니, 밭을 깊게 갈고 김매어 부모를 봉양할 수가 없습니다. 그들의 부모들은 얼어 죽거나 굶어 죽고, 형제와 처자식들은 뿔뿔이 흩어지고 있습니다. 저 나라에서는 인민을 물구덩이에 빠뜨리고 있을 따름이지요. [왕도의 정치를 펼친 뒤] 왕께서 나아가 [그런 포악한 사람을] 정벌하신다면, 누가 감히 왕께 대적하겠습니까? '어진 사람은 대적할 적이 없다[仁者無敵]' 합니다. 왕이시여! 부디 의심치 마소서!"

범식　그건 어려운 일이 아니라고, 어진 정치를 펴기만 하면 된다고 맹자는 말하고 있는데?

뭉술　그렇게 하면 부국강병이 되나? 나는 의심스러운데…….

캐순　"왕이시여! 부디 의심치 마소서!"

캐순이가 웬 일로 의심을 하지 말라고 하지.

캐순　사람에겐 그냥 믿고 싶을 때도 있는 거야. 그나저나 어진 정치의 내용 중에 세금을 줄여줘야 한다는 소리가 있는데, 세금을 줄이는 게 어진 정치라고 할 수 있나?

범식　그 당시 국가의 역할과 지금 국가의 역할이 다르다는 것을 먼저 알아야 한다고 생각해. 지금은 사회 복지와 문화적인 삶이 국가의 중요한 구실이지만, 그때는 이런 것이 국가의 역할에서 차지하는 비중이 미미했어.

 그러면 그때는 세금을 거둬서 어디에 썼지?

범식 　전쟁을 하거나, 으리으리한 궁전을 짓거나, 진탕 술 마시고 노는 데 주로 썼어. 그래서 맹자가 세금을 줄이는 게 어진 정치라고 했을 거야.

뭉술 　세금을 많이 거두면 포학한 정치라고 한 까닭이 그 당시의 나라들이 한 짓거리와 관련이 있구나~. 하지만 세금을 덜 거둔다고 나라가 부강해지고 군대가 강해질까?

캐순 　얼어 죽고, 굶어 죽고, 처자식이 뿔뿔이 흩어지는 나라를 지키려고 하는 사람이 있을까? 반대로 좋은 나라는 맹자 말대로 목숨을 바쳐서라도 서로 지키려고 하지 않을까?

 그래서 인자무적仁者無敵인 거지.

캐순 　인자에게 적이 없다는 것이 아니라, 인자에겐 적수가 없다는 거지.

뭉술 　그건 맹자가 그냥 해본 소리 아닌가? 어질고 정의로운 정치만 하면, "전쟁이 난다 해도 인민들 모두 나무 몽둥이라도 들고 나와, 견고한 갑옷이나 예리한 무기로 무장한 군사가 진나라 병사건 초나라 병사건 모조리 쳐부수고 말 것"

이라는 소리는 사실 뻥이잖아?

캐순　과장이긴 하지만 뻥은 아니야.

범식　역사상 그런 경우가 실제로 있었나?

캐순　미국이 엄청난 무기와 군대로 월남 정권을 도왔지만, 월남 정권과 함께 미국이 진 사실이 있잖아? 월남 인민들이 월남 정권은 무너져야 할 정권이라고 여겼기에, 미국과 같은 강대국도 월남에서 질 수밖에 없었지.

뭉술　미국이 도왔던 월남 정권이 어땠는데?

캐순　월남의 정권을 잡은 사람들은 대부분 반민족분자들이었어. 그 정권을 담당했던 사람들 대부분이 프랑스의 식민지 땐 프랑스에 붙고, 일본이 점령했을 땐 일본에 빌붙고, 제2차 세계대전 뒤 또다시 프랑스가 베트남으로 들어오자 다시 프랑스에 붙고, 나중엔 미국에 빌붙었던 사람들이었어.

범식　간에 붙었다, 쓸개에 붙었다 한 인간들이었구나. 그런데 베트남도 이민족의 침략을 장난 아니게 받았구나! 캐순아, 베트남의 식민지 역사에 대해 좀 더 얘기해줄 수 있니?

　당연하지. 내가 베트남 역사를 조금 공부했잖아. 베트남은 1883년부터 프랑스의 식민지였어. 제1차 세계대전 이후 프랑스의 식민지 지배에서 벗어나기 위해 독립운동을 활발히 했지만 잘 안 됐어. 제2차 세계대전이 발발하자, 일본은 프랑스의 지배를 받던 베트남에 프랑스(나찌에 의해 세워진 프랑스 괴뢰정권)의 허락을 받고 들어왔어. 일본이 베트남에 들어오자, 호찌민(胡志明, 1890~1969년)을 중심으로 베트민(Viet Minh, 베트남독립동맹)을 결성(1941년 5월 19일)해 일본군을 상대로 게릴라전을 벌였지. 일본은 프랑스(나찌에 의해 세워진 프랑스 괴뢰정권)의 동맹군으로 식민지 정부에 가담해, 제국주의 국가 노릇을 했지. 게다가 제2차 세계대전 말기인 1945년에 베트남 북부에 대기근이 일어나, 200만 명 가까이 굶어죽는 일이 발생했어. (호찌민은 독립선언에서, 프랑스와 일본의 이중 지배에 의해 200만 명이 굶어죽었다고 밝혔다.) 1945년 8월 일본이 항복한 뒤에 베트민은 하노이를 점령하고 그해 9월 2일 베트남민주공화국의 수립과 독립을 선포했어. 하지만 프랑스는 베트남의 독립을 인정하지 않고 하이퐁(Haiphong) 항구에 함포 사격(1946년 11월 23일)을 가해 전쟁을 일으켰어. 전쟁은 1954년까지 9년 동안 지속된 끝에 베트남이 이겨, 그해 7월 제네바에서 휴전협정이 성립되었어. 오랫동안 독립 운동을 이끈 호찌민이라는 지도자가 있어. 그는 사회주의자로, 베트남 국민들의 높은 지지를 받고 있었어. 결국 호찌민이 이끄는 베트남군은 1954년에 프랑스를 베트남에서 몰아냈어. 이 뒷이야기는 야옹샘이 해주세요.

미국을 비롯한 서양의 강대국들은 베트남이 통일 국가가 되는 것을 원하지 않았어요. 그래서 베트남을 남과 북으로 갈라놓았죠. 베트남의 북쪽에는 호찌민이 이끄는 독립 국가가 들어섰고, 남쪽에는 미국이 지원하는 응오딘지엠 정권(우리나라 사람들이 일반적으로 말하는 월남이다)이 세워졌어요. 그런데 남베트남 정권 담당자들 중엔 과거에 독립운동을 한 사람이 거의 없었죠. 식민지국에 빌붙었던 자들이 대부분이었어요. 이러니 응오딘지엠 정권하에 있는 남쪽에도 호찌민을 지지하는 사람들이 많았죠. 이들은 통일을 위해 베트콩(베트남 민족해방전선)을 결성해, 남베트남 응오딘지엠 정권과 싸웠어요. 호찌민은 이들을 적극적으로 지원했죠. 그런데 응오딘지엠 정권은 1954년에 체결한 제네바 협정을 어겼어요. 1956년 국제감시위원회의 감독 아래 베트남 전역에 걸쳐 자유선거를 실시하도록 규정했는데, 그들은 선거 실시를 거부하고 분단을 영구화하려 했지요. 그리고 토지개혁으로 농민에게 분배받았던 토지를 다시 회수해 인민들의 반발을 샀어요. 여기저기서 봉기가 일어났죠. 1950년대 중반에는 이른바 '베트콩(Viet Cong)'이라고 불리는 게릴라 군사조직으로까지 발전했어요. 남베트남이 내란 상태가 된 거지요. 미국의 지원을 받은 남베트남 정권

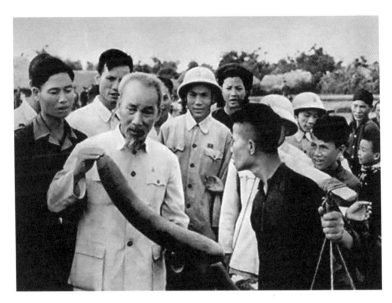

인자무적의 실례를 보여주는 베트남의 호치민 국가주석. 베트남의 하이덕 성에 있는 코뮌를 방문하여, 농민들과 함께 농작물을 살펴보고 있다.(1957년 5월)

은 반공법을 시행(1958년)하는 등 대대적인 탄압으로 반발을 억누르려 했지만, 남베트남의 반란 세력은 1960년 12월 20일 남베트남민족해방전선을 결성해 정부군과 본격적으로 맞섰어요. 이들은 민족민주정부 수립, 토지개혁, 평화통일, 중립외교 등 10개 항을 강령으로 내세웠죠. 미국의 케네디 대통령은 남베트남 정권을 돕기 위해 군대를 보냈어요.

뭉술   우리가 알고 있는 그 케네디 대통령 말이에요?

야옹샘   옙! 케네디가 암살당한 뒤, 대통령에 오른 존슨은 북베트

남을 공격해 베트남 전체를 먹어치울 계획을 세웠어요. 존
슨 대통령은 1964년 8월에 미국 전함 두 척이 베트남과 중
국 사이에 있는 통킹만에서 북베트남의 공격을 받았다고
발표했죠. 이게 바로 '통킹만 사건'이에요. 사실 이건 미국
이 북베트남과 전쟁을 하기 위해서 꾸민 일이었죠. 그렇게
해서 본격적인 베트남 전쟁이 시작됐지요. 마지막에는 미
국과 남베트남 정권이 남쪽 인민들과 북베트남 연합군에
게 항복을 할 수밖에 없었죠.

범식   베트남의 경우를 보았을 때, '어질고 정의로운 정치가 있는
곳엔 적수가 없다'는 말이 단순한 수사가 아니란 말이지?

그래. 좋은 정치를 해서 인민들의 사랑을 받는 나라가 망할
리는 없겠지.

뭉술   그런데, 양혜왕이 맹자의 말을 과연 따를까?

캐순   미심쩍어 하겠지. 맹자가 양혜왕에게 의심하지 말라고 당
부하고 있잖아?

사람 죽이기를 좋아하지 않는 자

맹자가 양양왕(기원전 335~318년)을 만났다. 뵙고 나와 사람들에게
말했다.

"멀리서 볼 때도 인민들의 임금 같다는 느낌이 안 들더니만,
직접 만나 보아도 외경스러운 느낌이 들지 않았어요."

만나자마자 느닷없이 묻더군요. "천하가 어떻게 될 것 같습니
까?"

내가 말했지요. "하나로 정리될 것입니다."

"누가 천하를 하나로 만든다고 생각하십니까?"

내가 대답했지요.

"사람 죽이기를 좋아하지 않는 사람이라야 천하를 하나로 만
들 수 있습니다."

"누가 그런 사람과 함께하려 하겠습니까?"

내가 대답했지요.

"천하 사람 모두 그와 함께하려 할 것입니다. 왕께서는 벼의 싹을 아시지요? 7·8월에 가뭄이 들면 싹이 말라버립니다. 하늘에 짙은 뭉게구름이 일어 쫙쫙 비가 쏟아지면, 벼 싹들이 버쩍버쩍 살아납니다. 이와 같이 되는 것을 그 누가 막을 수 있겠습니까? 지금 사람을 기른다는 임금치고, 사람 죽이기를 좋아하지 않는 자가 없습니다. 만약 사람 죽이는 것을 좋아하지 않는 임금이 나타나기만 한다면, 천하의 인민들이 모두 목을 빼고 그를 바라볼 것입니다. 진실로 이와 같다면, 천하의 인민들이 그분에게 나아가는 모습이 마치 물이 아래로 콸콸 쏟아지는 것과 같을 것입니다. 누가 이것을 막을 수 있겠습니까?"

뭉술   양혜왕이 사라졌는데? 양양왕은 누구지?

범식   양혜왕의 아들이고, 양혜왕을 이은 왕이야.

캐순   양혜왕(재위 기원전 371~334년)은 맹자의 말을 끝내 안 듣고 죽은 건가?

야옹샘   그래요.

뭉술   양혜왕은 자기가 당한 치욕을 화끈하게 씻어야겠다고 했는데, 그것은 이루었나요?

    이루지 못했어요. 양혜왕의 나라는 양혜왕 중반부터 계속 내리막길을 걸었어요. 그 후로 비실비실하다가 100년 뒤에 진시황에게 망했죠.(기원전 225년)

캐순   맹자의 제안을 받아들였다면 달라질 수 있었을까요?

야옹샘   맹자(기원전 372~289년)를 만났을 때 양혜왕의 나이가 여든 살을 넘겼으니까, 맹자의 방안을 실천할 기력과 시간이 별로 없지 않았나 싶어요. 하지만, 맹자가 말한 정책 기조가 양혜왕의 아들 대에라도 나타났다면, 역사는 달라질 수 있었겠죠.

뭉술   이제 그의 아들을 봐보죠.

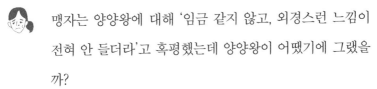 맹자는 양양왕에 대해 '임금 같지 않고, 외경스런 느낌이 전혀 안 들더라'고 혹평했는데 양양왕이 어땠기에 그랬을까?

뭉술   본문에 나온 양양왕의 태도를 꼼꼼히 살펴보면 알 수 있겠지.

범식   '다짜고짜로 물었다'는 건 맥락, 분위기를 살피고 절차와 예의를 지키는 훈련이 전혀 안 되어 있다는 소리잖아. 묻는 내용도 썩 좋지 않고.

캐순   "천하가 어떻게 결판날 것 같습니까?"란 물음이 뭐 어때서!

범식   첫 만남, 첫 마디란 점을 생각하면 뚱딴지같다는 생각이 들지 않니? 너무 막연하기도 하고.

뭉술   첫 대면에 훅 던진 질문이어서 그렇지, 이제 막 왕의 자리에 오른 사람이 물을 만한 질문이라는 생각이 드는데?

범식   자기가 어떻게 해야 할 것인가 하는 주체적인 관점이 빠진 게 문제 아닐까?

캐순   시대를 리드해 나가겠다는 기백이 이미 없는 거지.

범식   그 점이 맹자에게 임금 같지 않다고 느끼게 했을 거야. 왕
      이란, 상황을 파악하고 그 상황을 자기가 목표하는 곳으로
      이끌어가야 되는 것 아니겠어?

뭉술   이상에 불탔던 맹자에게 양양왕의 비주체적인 태도는 더
      욱 문제로 보였을 거야.

캐순   양양왕의 아버지 양혜왕을 맹자가 신랄하게 까댔지만, 그
      래도 양혜왕에게서는 목표를 읽을 수 있었어. 하지만 양양
      왕은 목표가 없는 거지.

야옹샘 목표가 없을 뿐만 아니라, 굉장히 조급한 성격이란 걸 알
      수 있어요. 맹자의 말에 조금의 생각도 없이 바로 말을 쏟
      아 내죠. 이것을 알려주기 위해 《맹자》 기록자가 설치한 장
      치가 있어요. 그게 뭘까요?

범식   잘 모르겠는데요?

야옹샘 양양왕의 말에 주목해 보세요!

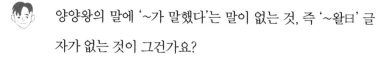 양양왕의 말에 '~가 말했다'는 말이 없는 것, 즉 '~왈曰' 글
      자가 없는 것이 그건가요?

야옹샘 그래요. 양양왕의 진중하지 못한 성격을 나타내려고 양양
      왕이 '다짜고짜 물었다'는 말 다음의 양양왕 물음 앞엔 '~
      가 물었다'는 문구를 넣지 않은 거예요.

뭉술   그런 것까지 계산하고서 글을 쓰나요?

야옹샘   좋은 글은 그렇지요.

캐순   맹자는 워낙 문학적인 재능이 탁월했으니까, 양양왕의 됨 됨이를 충분히 느낄 수 있도록 말해주었을 거야. 딱 들어 맞는 비유를 잘 드는 걸 보면, 맹자의 문학적 소질을 알 수 있어.

범식   가뭄이 들어 비실비실하던 벼가, 비가 쫙 쏟아지자 바로 꼿 꼿이 서는 벼 싹으로 인민을 비유한 것만 봐도 그래. 학정에 시달려 맥을 놓고 있던 인민이 좋은 때를 만나자마자 활기를 띠는 인민의 모습 그대로잖아.

🧑   '사람 죽이기를 즐기지 않는 자'를 찾지 못했다는 게 말이 되니? 게다가 그런 사람을 목 빼고 기다리고 있었다니, 엽기의 시대였나?

범식   전쟁의 시대였으니 오죽했겠어?

캐순   그런데도 왕이란 자는 어떤 비전도 제시하지 못하고 있어.

야옹샘   이것으로 양양왕 이야기는 맹자에 더 이상 나오지 않아요. 비전이 없는 왕 곁에 맹자가 머무를 리 없죠!

일정한 생업을 마련해 주고 교육하라

제나라 선왕이 물었다.

"제나라 환공과 진晉나라 문공의 일에 대해 말씀해 주실 수 있겠습니까?"

맹자가 대답했다.

"공자의 가르침을 받드는 사람들은 환공이나 문공의 일에 대해서는 말도 꺼내는 이가 없습니다. 그래서 후세에까지 그 일에 대해서는 전해지지 않고, 저도 들은 게 없습니다. 괜찮으시다면 왕도를 실천해 왕천하하는 것에 대해 말씀드려도 괜찮겠습니까?"

캐순 맹자가 제나라 선왕(재위 기원전 319~301년)에게 왔네. 양혜왕에게 갈 때, 맹자 뒤를 수레 수십 대와 수백 명이 뒤따랐다고 샘께서 말씀하셨는데 이번에도 그런가요? 그 돈은 또 누가 댔어요?

야옹샘 　맹자는 초대받지 않은 곳에 가지 않는 자존심과 당당함으로 똘똘 뭉친 분이니까, 이번에도 초대받아 갔을 거예요. 물론 맹자 집단의 이동 비용, 체류 비용은 몽땅 제나라가 감당했겠죠.

범식 　제선왕이 제나라 환공과 진나라 문공에 대해 물은 까닭이 있지 않을까?

뭉술 　샘! 제나라 환공과 진나라 문공에 대해 간략히 얘기해주세요.

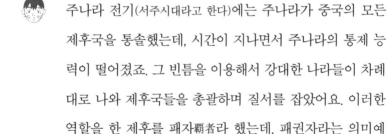

주나라 전기(서주시대라고 한다)에는 주나라가 중국의 모든 제후국을 통솔했는데, 시간이 지나면서 주나라의 통제 능력이 떨어졌죠. 그 빈틈을 이용해서 강대한 나라들이 차례대로 나와 제후국들을 총괄하며 질서를 잡았어요. 이러한 역할을 한 제후를 패자覇者라 했는데, 패권자라는 의미예요. 보통 제환공, 진晉문공, 진秦목공, 송양공, 초장왕을 5패五覇라고 하죠.

범식 　제환공, 진문공이 그런 사람이라면 꽤 유명했을 텐데 맹자가 그런 사람에 대해 들어본 적도 없다고 한 것은 잘 받아들여지지 않는다.

뭉술 공자를 따르는 사람들은 공자만 입에 올리나 보지?

캐순 그들이 누구인지는 알지만, 그들이 한 '일'에 대해선 잘 모른다는 소리가 아닐까?

한마디로, 그들에 대해선 관심이 없다는 소리시.

키순 그럼, 맹자가 관심이 있는 것은 뭐지?

뭉술 제선왕에게 그가 말하고 싶어 하는 것, 그러니까 왕도를 실천해 천하의 왕 노릇하는 것이 아닐까?

범식 맞아. 자기는 패자 따위엔 관심이 없고, 왕천하王天下에 관심이 있다는 소리를 하고 싶어 그런 것 같아.

뭉술 제선왕이 제환공과 진문공의 일을 물은 건, 제선왕의 관심이 패권자가 되는 데에 있다는 소리라고 볼 수 있잖아?

캐순 맹자가 그것을 알아차리고, 패권자가 아니라 왕천하하는 자가 되라고 권하는 장면인가?

범식 두 사람이 대화하는 폼이, 맹자와 양양왕이 대화하는 폼과는 격이 다른데?

뭉술 맹자와 양혜왕이 대화하는 것하고도 달라.

캐순 맹자에게 제선왕은 만만치 않아!

"덕이 어때야 왕천하할 수 있습니까?"

  "인민들을 보호해 주면서 임금 노릇을 한다면, 아무도 그가 왕천하하는 것을 막을 수 없습니다."

"과인 같은 사람도 인민들을 보호할 수 있겠습니까?"

"그럼요."

"어떻게 해서 내가 그럴 수 있다는 것을 아십니까?"

몽술　덕이 어때야 왕천하할 수 있냐고 제선왕이 새롭게 묻는데?

범식　맹자의 의도를 완전히 간파한 거지. 패권자가 되기 위해선
　　　힘이 중요하지만, 왕천하하기 위해선 '덕'이 중요하다는 것
　　　도 이미 알고 있고.

　　　말한 대로 제선왕은 만만치 않아. 제선왕이 맹자에게 무
　　　슨 근거로 자기를 '인민을 보호하며 왕천하할 수 있는' 그
　　　릇이라 여기는지를 묻는데, 맹자에게 한 치도 밀리지 않고
　　　있어.

야옹샘　제선왕이 만만치 않은 인물이라는 것, 잘 보셨어요. 춘추전
　　　국시대 하면 백가쟁명百家爭鳴을 떠올리는데, 아주 다양한
　　　학설이 나와 서로 경쟁했다는 뜻이죠. 그런데 이 학설을 모
　　　두 수렴한 게 제나라에 있었던 직하학사들이에요. 직하학
　　　사의 융성은 제위왕, 제선왕, 제민왕으로 이어지는 호학好
　　　學 군주들에 힘입었다고 할 수 있죠.

　　　　제선왕 때는 맹자와 어금버금한 당대의 선비 76명을 초

빙해 모실 정도였고, 그보다 조금 떨어지는 선비들은 천 명에 이르렀다고 사마천이 《사기》에서 밝혔어요. 맹자도 직하학사 중 한 명으로 제선왕에 의해 초대된 사람이라고 할 수 있을 거예요.

저는 호흘이 이렇게 말하는 걸 들었습니다. 임금님께서 대청 위에 앉아 계시는데, 소를 끌고 대청 아래를 지나가는 사람이 있었다고 합니다. 임금님께서 그를 보시고 물으셨다지요. "소를 어디로 끌고 가는 것이냐?"

그 사람이 대답했다지요. "이 소를 잡아 피를 종에 바르는 의식을 치르려 합니다."

그러자 임금님께서 말씀하셨다지요. "그 소를 풀어주어라! 소가 벌벌 떨면서 죄도 없이 죽을 곳으로 가는 것을 나는 차마 보지 못하겠구나!"

그 사람이 물었다지요. "그러면 종에 소 피 바르는 의식을 그만둘까요?"

그러자 임금님께서 "어찌 그만둘 수 있겠느냐? 양으로 대신하거라!"라고 말씀하셨다고 들었습니다.

그런 일이 있었는지요?

"그런 일이 있었습니다"

　"그런 마음이면 충분히 왕천하를 할 수 있습니다. 인민들은
모두 임금님께서 소를 아끼느라 그랬다고 합니다만, 저는 정말
로 임금님께서 차마 그 소를 볼 수 없는 마음이 있어서 그랬다는
것을 알고 있습니다."

　제선왕이 말했다.

　"그렇군요. 정말로 그렇게 여기고 있는 인민들이 있을 것 같
습니다. 제나라가 비록 작지만 내 어찌 소 한 마리를 아까워하

겠습니까? 소가 벌벌 떨면서 죄도 없이 죽을 곳으로 가는 것을 내가 차마 보지 못하겠기에, 소 대신에 양을 쓰라고 한 것이지요."

캐순 제선왕이 소를 양으로 바꾸라고 할 때 나도 제선왕이 '쩨쩨한 사람이구나' 했어. 그런데 맹자가 그 마음이면 왕천하할 수 있다고 말하고선, 그 이유를 밝히는데 정말 입이 다물어지지 않는다.

범식 나한테도 반전이 놀라웠어.

뭉술 맹자가 달리 맹자가 아닌 거구나.

캐순 같은 현상을 보고서도 어떻게 그렇게 해석을 멋지게 할 수 있지?

야옹샘 그런데 이 부분은 맹자 사상의 고갱이(핵심)인 성선설과 관계가 있어요. 소가 죄 없이 죽는 것을 차마 볼 수 없는 마음이 바로 측은지심이거든요. 측은지심이 사람에게 있다는 것은 어진 마음, 즉 선한 본성이 사람에게 있다는 것을 입증하는 것이고요. 맹자는 성군들도 이 마음을 써서 어진 정치를 폈다고 했죠.

"맹자는 외쳤다. '사람에겐 다른 사람에게 차마 어쩌지 못하는 마음, 불인인지심不忍人之心이 있다. 성군들도 사람에게 차마 어쩌지 못하는 마음을 가지고 있었다. 이 마음이 바로 사람에게 차마 어쩌지 못하는 정치를 하게 한 것이다.(〈공손추〉상 6장)'"

범식 일반 사람들도 그런 마음이 있다는 걸 어떻게 알 수 있죠?

야옹샘 맹자가 든 다른 예를 살펴보죠. 깊은 우물물을 향해 뿍뿍 기어가는 아이를 보았을 때, 지각이 있는 사람이라면 누구라도 '순간적으로' 어떻게 할까요?

뭉술 얼른 아이를 붙들겠죠.

야옹샘 바로 그거예요. 우물로 기어가는 아이를 목격한 사람이라면, 누구라도, 얼른, 아무런 이익도 바라지 않고, 그저, 아이를 붙잡을 거예요. 아이가 우물에 빠지는 것을 '차마 볼 수 없어서'겠죠?

맞는다는 생각이 들지만, 그렇게 조그만 마음으로 어디에 쓰죠? 세상에 켜켜이 쌓여 있는 '악'에 맞서는 건 달걀로 바위치기잖아요!

범식 네 말은 있으나 마나한, 거의 의미 없는 '선'이라는 거지?

뭉술 그래~ 나는 그 정도의 선이라면, 괜히 성선이니 뭐니 할 필요도 없었다는 생각이 든다.

캐순 '선'한 본성도 나무처럼 쑥쑥 자랄 수 있다면 좋을 텐데…….

야옹샘 뭉술이가 아주 잘 생각했어요. 우물로 기어가는 아이를 붙잡는 정도에서 끝나는 '선'이라면, 없는 것보다야 낫겠지만 별 의미가 없을 거예요. 하지만, 캐순이가 바랐던 대로 '선한 본성'이 나무처럼 자랄 수 있는 거라면 달라지겠죠? 맞아, 생각났다! 맹자는 그 마음을 "확대하고 키운 다음, 선으로 채워야 한다"고 했어.

뭉술 본성을 키울 수 있다는 게 나는 이해가 잘 안 돼.

범식 맹자 공손추에 그게 잘 나와 있어. 내가 읽어줄게.

"(선한 본성이) 내 몸에 구현되어 있는 것을 깨닫고, 그 마음을 확대하여 채워나가야 한다. 그러면 처음 불꽃은 미약하지만 온 천하를 밝게 할 수 있고, 처음 샘물은 가느다란 한 줄기이지만 도도한 강물을 이루는 것처럼 누구도 막을 수 없을 것이다. 사람들이 진실로 이 마음을 확대하여 채워나간다면 온 천하가 보존될 것이다. 하지만 확대하여 채우는 일을 하지 않는다면, 어버이를 섬기는 것조차도 못할 정도로 미미할 것이다.(〈공손추〉상 6장)"

캐순 선한 본성을 키우는 방법에 대해 맹자는 말해주니?

범식 당연하지. 이 선한 마음을 키우고 확대해나가면, "호연지기

浩然之氣"가 그 몸에 길러진다고 했어. 호연지기는 하늘과 땅 사이를 가득 채우는 기운이고, 올바름과 도道를 짝으로 삼고서 천하대사를 경륜하는 힘이지.

뭉술   선한 본성을 키우는 방법이 뭐라고 했냐니까?

범식   좋아. 역시 맹자 공손추에 나와 있어. 내가 읽어줄게.

"호연지기는 의로운 삶이 일상적으로 축적되어 인간 내면에서 온양·배양되는 것이지, 어떤 돌발적인 정의감의 우발적인 행동에 의해 얻어지는 것이 아니다. …… 반드시 호연지기를 배양하는 노력을 해야 하지만, 그 노력의 결과가 바로 생기길 바라선 안 된다. 그 기운을 길러야 한다는 마음을 놓쳐서도 안 되지만, 그렇다고 빨리 효험을 보기 위해 '조장'*을 해서도 안 된다.(〈공손추〉 상 2장)"

호연지기는 하늘과 땅 사이를 가득 채우는 기운이고, 올바름과 도道를 짝으로 삼고서 천하대사를 경륜하는 힘이라고 했지? 그거 한 번 해볼 만하겠는데!

뭉술   좋지~ 그런데, 문제가 있어. 제나라 선왕이 '소가 벌벌 떠는 모습을 볼 수가 없어 양으로 바꾸라'고 했다는데, 그러면 이번엔 양이 죽게 되잖아?

---

*   맹자는 바로 '조장'에 대해 설명한다. 벼의 싹이 빨리 자라라고, 싹을 잡아당겨놓는 것과 같은 것이라 한다.

캐순   그러게~.

맹자가 말했다.

"인민들이 임금님께서 소를 아끼느라 그랬다고 말하는 것을
임금님께서는 이상하게 여기지 마십시오. 작은 것을 가지고 큰
것과 바꾸라고 해서 그런 것입니다만, 그들이 어떻게 임금님의
마음을 알겠습니까? 소가 죄도 없이 죽을 곳으로 가는 것을 임
금님께서 측은히 여기셨다면, 어찌하여 소와 양을 굳이 구별하
셨습니까?"

왕이 웃으면서 말했다.

"그거, 정말 무슨 마음이었을까요? 나는 그 재물이 아까워서
양으로 바꾸라고 했던 것은 아닙니다만, 인민들이 내가 소가 아
까워서 그랬다고 말하는 것도 당연한 일이겠습니다."

 내가 의문스럽게 여긴 것을 맹자 역시 놓치지 않았군!

캐순   맹자가 약을 준 줄 알았는데 병을 준 거였네.

범식   제선왕이 갑자기 어리버리해졌어.

뭉술   맹자가 제선왕을 어디로 끌고 가려는 거지?

맹자가 말했다.

"상관없습니다. 그것이야말로 어짊으로 가는 길입니다. 소가 벌벌 떠는 모습은 보셨지만, 양은 보지 못하셨기 때문입니다. 새나 짐승들을 대함에 있어서, 군자는 그것들이 살아있는 것을 본 마당엔 그것들이 죽게 되는 꼴은 차마 보지를 못합니다. 그들의 소리를 들은 마당엔 차마 그 고기를 먹지 못합니다. 그래서 군자는 푸줏간을 멀리하는 것입니다."

왕이 기뻐하며 말했다.

"《시경》에 '다른 사람이 지닌 마음, 내가 헤아려 아노라'* 하는 가사†가 있는데, 바로 선생님을 두고 쓴 가사인 듯합니다. 내가 그 일을 행하고서, 그렇게 한 까닭을 찾아보았는데, 내 마음을 알 수가 없었습니다. 선생님께서 설명해 주시자 내 마음이 환히 밝아지는 듯합니다. 그런데 이 마음이 왕천하하는 어짊에 들어맞는 까닭은 무엇입니까?"

 이번엔, 맹자가 다시 약을 줬어.

뭉술　맹자 말솜씨 한번 기가 막히구나.

캐순　너희들은 제선왕 같은 경우를 당했다면 어떤 기분일 것 같

---

* 《시경》〈소아小雅〉, "他人有心 予忖度之."

† 《시경》의 시는 모두 노래로 불리어지던 가사이다. 지금은 가사만 남고 곡조가 남아있지 않은 노래라고 생각하면 된다.

니? 갑자기 어른 앞에 선 어린애가 되어버린 느낌이지 않을까?

범식 그럴 것 같아. 제선왕도 자기 마음을 자기보다 맹자가 더 잘 안다고 할 정도였으니.

개순 그래도 제선왕은 《시경》을 인용하며 이 상황을 말하고 있어. 최소한의 자존심은 지키려 하는 것 같아, 내가 보기에는!

제선왕이 완전히 굴복한 건 아니야. 지금까지 했던 얘기는 얘기고, 그것이 왕천하와 무슨 상관이 있느냐며 슬쩍 주먹을 날리고 있거든.

뭉술 오, 정말 그런데?

맹자가 말했다.

"어떤 사람이 임금님께 '제 힘은 무게가 3천 근 나가는 것은 너끈히 들 수 있지만, 한 개의 깃털은 들 수 없고, 제 눈은 가을철 털끝은 잘 볼 수 있지만 수레 가득히 실은 땔나무는 보지 못합니다'라고 말한다면, 임금님께서는 그 말을 인정하시겠습니까?"

왕이 말했다.

"천만에요!"

"지금 임금님의 은혜가 새와 짐승에게까지 미치고 있는 판에,

임금님의 공이 인민들에게 미치지 못하는 것은 유독 무엇 때문입니까? 한 개의 깃털이 들리지 않는 것은 힘을 쓰지 않기 때문입니다. 수레에 가득 쌓인 땔나무가 보이지 않는 것은 눈을 쓰지 않기 때문입니다. 인민들이 보호받지 못하는 것은 은혜로운 마음을 쓰지 않기 때문입니다. 그러므로 임금님께서 왕천하를 하지 못한 것은, 하지 않는 것이지 할 수 없는 것이 아닙니다."

왕이 말했다.

"하지 않는 것과 할 수 없는 것의 꼴이 어떻게 다릅니까?"

맹자가 말했다.

"태산을 옆에 끼고 북쪽 바다를 뛰어 건너는 것을 두고 다른 사람에게 '나는 할 수 없다'라고 말한다면, 그것은 정말 하지 못하는 것입니다. 어른을 위하여 나뭇가지를 꺾어드리는 일을 두고 다른 사람에게 '나는 할 수 없다'라고 한다면, 그것은 하지 않는 것이지 하지 못하는 것이 아닙니다. 임금님께서 왕천하를 하지 못한 것은, 태산을 옆에 끼고 북쪽 바다를 뛰어 건너는 것과 같은 게 아닙니다. 그것은 바로 나뭇가지를 꺾는 것과 같은 일을 하지 않고 있는 것입니다."

범식   또 맹자의 장기가 나왔어. 혀를 내두르게 하는 비유다.

뭉술   맹자가 비유를 빼드니까, 제선왕도 별 수 없는데?

왕도정치는 '할 수 있는 것' 임!

캐순 그런데 '할 수 없는 것'과 '하지 않는 것'을 나누는 폼이 맹
자가 제선왕에게 애정이 있는 것 같아. 그냥 "지금 임금님
의 은혜가 새와 짐승에게까지 미치고 있는 판에, 임금님의
공이 인민들에게 미치지 못하는 것은 유독 무엇 때문입니
까?" 하고 끝냈다면, 제선왕이 꽤 난처해지지 않았을까?

범식 거기서 말을 끝냈다면, 제선왕이 소를 양으로 바꾸라고 했던 게, 벌벌 떠는 소를 차마 볼 수 없는 마음 때문에 그런 게 아닌 셈이 되지. 소 한 마리 아끼기 위해서 한 게 되어버리겠지.

뭉술 그래서 맹자가 '하지 않는 것'과 '할 수 없는 것'의 차이를 말하고선, 바로 제선왕이 왕천하를 하지 않는 것일 뿐, 할 수 없는 것은 아니라고 말한 건가?

캐순 맹자는 교묘하고도 기분 나쁘지 않게 사람을 자극하고 있어.

뭉술 맹자에게 말려들고 있다는 느낌이 들어서, 제선왕 자신은 왕천하할 능력이 없다고 말해버리면 어떻게 되는 거지?

그러면 소 한 마리가 아까워 벌벌 떠는 쪼잔한 인간이 되는 거지.

범식 자신에겐 왕천하할 능력이 없다고 말해버리면, 벌벌 떠는 짐승을 차마 보지 못하는 마음이 제선왕 자신에겐 애초부터 없었다는 것을 인정하는 꼴이 되니까, 그렇게 되겠네.

뭉술 눈에 보이는 건 불쌍히 여기고, 눈에 보이지 않는 건 불쌍히 여기지 않는 게 인자한 건가? 그렇게 좁은 마음으로 어떻게 이 넓은 세상을 다 품지?

야옹샘 맹자는 소가 벌벌 떨며 죽기 싫어하는 것을 '차마 보지 못하는 마음'은 '직접적으로 보는 것'에만 발휘된다고 보진 않아요. 그것이 바로 나오니까 보도록 하죠.

맹자가 말했다. "자기 집 노인을 대접하는 마음을 써서 다른 사람의 노인을 대접하고, 자기 아이 돌보는 마음을 써서 남의 아이를 돌보십시오. 그러면 천하天下를 손바닥 위에 올려놓고 굴리는 것처럼 쉬울 것입니다.

《시경》에 다음과 같은 가사가 있습니다. '아내에게 모범이 되고, 그 덕이 형제들에게까지 미치고, 그 마음으로 나라를 다스렸네.'* 이것은 가까운 사람을 대하는 마음으로 인민들을 대한 것을 노래한 것일 따름입니다.

그러므로 은혜를 미루어 키우면 온 세상을 보전할 수 있고, 은혜를 미루어 키우지 않는다면 처자식도 보전하지 못하게 될 것이라는 뜻입니다. 옛 성인들이 보통사람보다 크게 뛰어났던 까닭은 별 다른 것이 아닙니다. 그들이 지닌 마음을 잘 밀고 나가 채운 것일 따름이었습니다. 지금 임금님의 은혜가 새와 짐승들에게 미치고 있는데, 임금님의 공덕이 인민들에게 미치지 못하는 것은 유독 무엇 때문입니까? 저울대에 달아본 뒤에야 가벼운가 무거운가를 알고, 재본 뒤에야 짧은가 긴가를 알 수 있습니다.

---

* 《시경》〈대아大雅〉, "刑于寡妻, 至于兄弟, 以御于家邦."

만사가 다 그렇습니다만 마음은 더욱 그렇습니다. 임금님께서
는 (당신의) 그것을 잘 헤아려 보시기 바랍니다."

뭉술   "자기 집 노인을 대접하는 마음을 써서 다른 사람의 노인
　　　 을 대접하고, 자기 아이 돌보는 마음을 써서 남의 아이를
　　　 돌보라." 맹자가 하고 싶었던 소리는 결국 이거였구나.

　　　 나는 거기에 논리적인 문제가 있다고 생각해. 앞에서, 짐승
　　　 처럼 미천한 것까지 품었던 은혜가 그보다 훨씬 고귀한 인
　　　 민에게 미치지 못한다는 것은 말이 안 된다고 했잖아? 하
　　　 지만 이번에는 친애하는 자기 집 노인을 대접하는 마음을
　　　 써서 덜 친애하는 남의 집 노인에게 미쳐야 한다고 했어.
　　　 두 주장은 상반돼.

범식   나는 좀 다른데? 인민이 짐승보다 더 고귀하다고 맹자가
　　　 말한 적이 없어. 그저 짐승에게 미치는 마음이 왜 인민에게
　　　 는 못 미치느냐고 한 거지. 자기가 가지고 있는 마음이기
　　　 에 원하기만 하면 어떤 존재에게나 그 마음을 쓸 수 있다
　　　 는 거지.

캐순   그게 맞겠다. 자기 아이를 돌보는 마음을 써서 남의 아이를
　　　 돌보라는 것도, 자기 자식을 사랑하고 돌보는 마음을 네가
　　　 갖고 있으니까, 원하기만 하면 어떤 어린 것에게도 그 마음

을 쏟을 수 있다는 소리란 생각이 들어.

뭉술   "은혜를 미루어 키우면 온 세상을 보전할 수 있고, 은혜를 미루어 키우지 않는다면 처자식도 보전하지 못하게 될 것"이라는 말도 그 뜻인 것 같다.

캐순   맹자의 마지막 말이, "날아본 뒤에야 가벼운가 무거운가를 알고, 재본 뒤에야 짧은가 긴가를 알 수 있습니다. 만사가 다 그렇습니다만 마음은 더욱 그렇습니다. 임금님께서는 (당신의) 그것을 잘 헤아려 보시기 바랍니다"였는데, 어떻게 하라는 소리지?

 왕 스스로 자신의 마음을 헤아려보라는 거지?

범식   재보면 긴지 짧은지 알 수 있듯이, 실제로 마음을 써서 해 보면 정말로 왕천하가 가능한 '그 마음'이 왕에게 있는지 없는지를 알 거라는 거겠지.

맹자가 말했다.

"혹시 임금님께서는 전쟁을 일으켜 인민과 신하들을 위태롭게 하고 제후들과 원한을 쌓은 뒤에야 마음에 쾌감이 있으십니까?"

왕이 말했다.

"아닙니다. 내 어찌 그런 일에 쾌감이 생기겠습니까? 정말로 하고 싶은 게 있는데, 그것을 이루려는 것입니다."

맹자가 말했다.

"임금님께서 정말 하고 싶은 게 무엇인지요? 제가 들어볼 수
있겠습니까?

왕은 웃기만 할 뿐 말하지 않았다.

맹자가 말했다.

"살지고 맛있는 음식이 입에 부족하십니까? 가볍고 따스한 옷
이 몸에 부족하십니까? 아니면 눈요깃거리로 아름다운 것들이
부족하십니까? 귀로 들을 아름다운 음악이 부족하십니까? 앞
에 놓고 부릴 사람들이 부족하십니까? 임금님의 여러 신하들이
그런 것들은 충분히 공급해 드리고 있습니다. 그러니 임금님께
서 어찌 그런 것들을 바라시겠습니까?"

"그렇습니다! 나는 그런 것을 바라지 않습니다."

맹자가 말했다.

"그렇다면 임금님께서 정말 하고 싶은 것을 제가 알겠습니다.
그것은 토지를 넓히고 진나라·초나라와 같은 대국에게서 조공
을 받으며, 중원에 군림한 뒤, 사방의 오랑캐를 어루만지려는
것입니다."

뭉술 맹자가 갑자기 "혹시 임금님께서는 전쟁을 일으켜 인민과

신하들을 위태롭게 하고 제후들과 원한을 쌓은 뒤에야 마음에 쾌감이 있으십니까?" 하고 말한 까닭은 뭘까?

범식   앞에서 맹자가, 왕은 왕천하하기에 알맞은 마음을 갖고 있다고 말했을 때, 제선왕은 계속 꼬리를 빼려고 했잖아? 그래서 이번에는 그것과 반대되는 마음이 있냐고, 그러니까 해코지해야 비로소 쾌감이 생기는 마음이 있냐고 물은 거지.

캐순   임금을 반대편으로 확 밀쳐 반발하게 한 다음, 왕으로 하여금 왕 자신이 원하는 마음을 스스로 밝히게 한 거지.

뭉술   드디어 왕이 자기에게는 '정말로 바라는 게' 있어서, 맹자가 앞에서 제안했던 '왕천하하는 정치'를 계속 피하려 했다고 이실직고 했어.

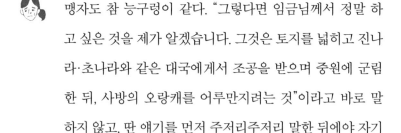 맹자도 참 능구렁이 같다. "그렇다면 임금님께서 정말 하고 싶은 것을 제가 알겠습니다. 그것은 토지를 넓히고 진나라·초나라와 같은 대국에게서 조공을 받으며 중원에 군림한 뒤, 사방의 오랑캐를 어루만지려는 것"이라고 바로 말하지 않고, 딴 얘기를 먼저 주저리주저리 말한 뒤에야 자기가 하고 싶은 소리를 하는 폼이 딱 능구렁이잖아.

뭉술   맞아. 임금이 바라는 것은 맛있는 것도 아니고, 고급스런 옷도 아니고, 미인도 아니고, 음악도 아니고, 혀에 착착 감

기게 시중드는 신하도 아닐 거라고 말한 뒤에야, 그 말을

하고 있어.

범식   제선왕이 그 정도의 것을 바랄 인물은 아닐 거라며 짐짓 몰

아세우는 거지. 그래야 제선왕이 자기 속마음을 털어 놓을

테니까.

캐순   맹자가 간파한 제선왕이 '정말 하고 싶은 것'은, 결국 제선

왕이 앞에서 물었던 "제나라 환공과 진나라 문공의 일"이

잖아?

범식   그렇지. 이제야 제선왕이 욕망히는 바를 본격적으로 다룰

태세인 거지.

그때 바로 제선왕의 욕망을 짚지 않고, 그런 건 모른다고

했다가, 이제야 다시 그곳에 돌아가서 논의하는 것은 무슨

속셈이지?

[맹자가 말했다.] "지금 하는 행동을 가지고 그러한 욕망을 추

구하는 것은, 마치 나무에 올라가면서 물고기를 잡으려는 것이

나 같습니다."

　왕이 말했다.

　"내 욕망이 그처럼 심한 것이란 말입니까?"

범식   다루자마자 바로 결판을 지었어. 그것은 연목구어緣木求魚
       라고.

뭉술   나무에 올라가면서 물고기가 잡히기를 바란다는, 기가 막
       히고 코가 막히는 엉뚱한 행위라는 거지. 맹자의 비유는 알
       아줘야겠다.

범식   연목구어라는 한자 성어가 나왔구나. 샘, 연목구어가《맹
       자》에 처음 나오나요?

야옹샘   옙.

캐순   제선왕의 행위가 나무를 오르는 것에, 제선왕이 욕망하는
       바가 물고기를 잡는 것에 해당해. 이것은 제선왕이 지금 하
       고 있는 행위가 문제라는 건데, 그게 구체적으로 뭐지?

범식   '토지를 넓히고 진나라·초나라 같은 대국에게서 조공을 받
       으며 중원에 군림하는 것' 아닐까? 그러니까 지금 제선왕
       이 추구하고 있는 행위는, '오랑캐를 어루만져주고 싶다'는
       보다 큰 욕망을 위해서라는 거지. 이렇게 해서 중국 내에서
       다른 나라를 침략하는 명분을 내세우는 거지. 그런 일을 이
       루려면 중원의 땅을 자기 수중에 넣어야 한다며, 전쟁을 해
       서 땅을 빼앗으려 한다는 거지?

캐순   그거였어?

뭉술   이것을 알아챈 맹자가 '그런 짓'으로는 '왕 당신이 내세운

명분을 이룰 수 없다'며 심하게 꾸짖는 거고.

범식   이 말을 들은 제선왕은 '내 바람과 행동'이 그처럼 따로 노
는 일이냐고 대들었지.

뭉술   맹자의 다음 한 수는 뭘까?

맹자가 말했다.

"아마도 그보다 더 심할 것입니다. 나무에 올라가면서 물고기
를 잡으려는 것은 비록 고기를 잡지 못한다 해도 뒤탈은 없습니
다. 그러나 지금 하는 행동을 가지고 그러한 욕망을 추구하면
서, 온 몸과 마음을 다해서 한다면 뒤에 반드시 재앙이 닥칠 것입
니다."

왕이 말했다.

"그 까닭이나 들어볼 수 있겠습니까?"

맹자가 말했다.

"추나라 사람들과 초나라 사람들이 싸운다면, 임금님은 누가
이길 거라고 여기십니까?"

왕이 말했다.

"초나라 사람들이 이기겠지요."

맹자가 말했다.

"그 까닭은 다음과 같습니다. 그렇게 작은 나라는 그렇게 큰

나라를 대적할 수가 없고, 인구가 그렇게 적은 나라는 인구가 그렇게 많은 나라를 적대할 수가 없으며, 그렇게 약한 나라는 그렇게 강한 나라를 대적할 수가 없어서입니다. 천하의 땅은 사방으로 천 리가 되는 나라가 아홉 개 있는 폭입니다. 제나라는 땅을 다 합치면 그중 하나를 차지하는 넓이입니다. 하나를 가지고서 자신보다 여덟 배나 더 큰 것을 정복하려 하는 것은, 추나라가 초나라를 적대하는 것과 무엇이 다르겠습니까? 어찌하여 그 근본으로 돌아가지 않으십니까?"

맹자가 말했다.

"이제 임금님께서 인덕이 베풀어지는 정치를 하시어, 천하의 벼슬아치들이 모두 임금님의 조정에서 벼슬하기를 바라고, 농사꾼이면 누구나 임금님의 들판에서 밭 갈기를 바라며, 장사꾼은 장사꾼대로 임금님의 시장에 상품을 놔두기를 바라고, 여행객들은 모두 임금님 땅의 길로 나서기를 바라며, 자기 임금을 비판하려는 천하 사람들은 죄다 임금님에게 달려와 호소하고 싶게 하십시오. 이렇게만 된다면 임금님이 하고자 하는 것을 그 누가 막을 수 있겠습니까?"

왕이 말했다.

"나는 흐리멍텅해서 그런 경지로 나아가지 못합니다. 선생님께서 나의 뜻을 받들어 나를 밝게 가르쳐 주십시오. 내 비록 명민

하지는 않지만, 한번 해보겠습니다."

뭉술   가차 없는데? 더 혹독하게 쏘아 붙이고 있어.

캐순   고기를 못 잡는 데서 그치지 않고 그 일 때문에 재앙이 내린다는 것은, 중원 밖까지 뻗어나가는 것은 고사하고, 중국 안에서 전쟁하다가 망해버린다는 소리겠지?

뭉술   아마도!

범식   이 일을 입증하면서도 맹자는 비유를 들었어.

캐순   맹자의 비유에 제선왕은 역시 꼼짝 못하고.

뭉술   맹자는 '비유의 천재'구나.

캐순   "어찌하여 그 근본으로 돌아가지 않습니까?" 오우~ 매서워.

🙂   누가 왕이고 누가 신하인지?

범식   조선에서도, 왕에게 이런 자세를 견지한 선비들이 많았다고 하던데.

캐순   조선이 맹자 사상에 입각해 세워진 나라니까, 조선 선비들은 맹자를 본받으려 했겠지.

야옹샘   이런 맹자의 사상을 현실 역사 속에서 실제로 이루어보겠다고 한 게 '조선 문명'이죠.

캐순   조선이 맹자의 사상을 현실에서 구체화한 게 뭐죠?

앞으로 관련되는 게 나올 때마다 하나하나 보겠지만, 우선 "인덕이 베풀어지는 정치제도"를 들 수 있어요. 이 제도를 학자들은 '경국대전 체제'라 하지요.《경국대전》에 조선의 정치제도가 밝혀져 있기 때문이에요.

　　박현모 교수는《경국대전》의 입법 취지와 정신을 설명하며 "이익을 국가로 돌아오게 하는 법질서의 확립"과 "정밀한 권력 견제 장치의 마련"이 '경국대전 체제'의 핵심이라고 했어요. 견제 장치엔 여러분이 잘 아는 어전 회의, 간쟁諫爭을 통한 정치 비평, 서경署經을 통한 인사 검증, 규찰糾察을 통한 관료 감찰과 탄핵, 인재를 선발하고 파견하는 총괄자로서 의정부의 역할, 책임 맡지 않은 권한 사용을 철저히 금지하는 것 등을 들었고요.

범식　"인덕이 베풀어지는 정치제도"가 만들어지면, 천하의 뛰어난 사람들이 다 그곳으로 몰려오고, 생산하는 사람들도 다 그 나라에서 생산 활동을 하고 싶어 하고, 사업하는 사람도 다 그 나라에서 사업하려 하고, 여행객도 다 그 나라를 찾고, 자기 나라 정치가 싫은 사람들이 몰려드는 나라가 된다는 거네. 참으로 꿈의 나라이지 싶다.

뭉술　이민 가려고 발버둥치지 않는 나라이니까!

범식　이런 나라가 가능하다는 소리를 듣자, 이번엔 그래도 제선왕이 솔깃해 하는데?

캐순 비로소 자신을 "가르쳐달라"고 하고 있어. 부족하나마 열
      심히 해보겠다는 말과 함께.

맹자가 말했다.

"일정한 생업[항산]이 없으면서도 일정한 마음[항심]을 지니는
일은 오직 선비만이 가능합니다. 보통사람들은 일정한 생업이 없
으면, 그에 따라 일정한 마음도 없습니다. 진실로 일정한 마음이
없으면 방탕하고 치우친 일, 사악하고 사치스런 일을 못하는 게
없을 것입니다. 그들이 죄악에 빠진 뒤 그 잘못에 따라 형벌을
가한다면, 그것은 사람을 그물로 잡아들이는 짓입니다. 어떻게
어진 사람이 임금의 자리에 있으면서 사람을 그물로 잡아들이는
일을 할 수 있단 말입니까?

이런 까닭에 밝은 임금은 인민들의 생업을 마련해주되, 위로
는 부모님을 섬기기에 넉넉하고 아래로는 처자식을 먹여 살리기
에 넉넉하도록 해줍니다. 풍년이 계속 들면 내내 배불리 먹고,
흉년이 들어도 굶어 죽는 일은 없게 합니다. 그렇게 된 뒤에야,
그들을 착한 길로 나아가게 합니다. 그러므로 인민들이 따라가
는 게 쉽습니다.

지금은 인민들의 생업을 마련해준다고 해도, 위로는 부모님

을 섬기기에 부족하고 아래로는 처자식들을 먹여 살리기에 부족합니다. 풍년이 계속 들어도 내내 고통만 겪고, 흉년이 들면 죽음을 면하지 못합니다. 이렇게 되어서, 죽음을 면하는 일만도 힘에 부쳐 두려운 지경인데, 어느 겨를에 예의를 따지겠습니까? 임금님께서는 그 큰 소망을 이루려 하면서 어찌하여 그 근본으로 돌아가시지 않습니까?"

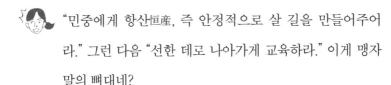 "민중에게 항산恒産, 즉 안정적으로 살 길을 만들어주어라." 그런 다음 "선한 데로 나아가게 교육하라." 이게 맹자 말의 뼈대네?

범식   앞에서도 봤잖아. 먼저 먹고 살 길을 마련해주고, 그런 다음 효제충신으로 가르치라고 했잖아? 반복하고 있어.

뭉술   먹고 살 길을 마련해주는 방법도 거의 그대로 반복하고 있고.

범식   이것이 맹자 사상의 핵심이어서 그렇겠지.

캐순   법가도 경제력을 키우라고 했잖아?

법가와 유가 둘 다 경제력을 키우라고 한 점에선 똑같아. 그 경제력을 어디에 쓸 것인가에서 달라지지. 법가는 그것을 전쟁하는 데 쓰려고 했고, 유가는 경제력이 인민들의 평온한 삶을 보장하는 데 필요하다고 본 점에서 둘은 완전히 다르지.

뭉술 그래서 법가가 부국강병을 외친 건가?

범식 맞아.

캐순 법가가 부국강병을 추구했다면, 유가는 무엇을 추구했는데?

범식 앞에서 봤던, 인민들의 안정된 산업을 이루어준 뒤 그들로 하여금 '떳떳한 마음'을 갖게 하는 것을 추구했지. 네 글자로 만들면, 항산항민恒産恒民이나 항산교민恒産敎民이라 할 수 있겠다.

뭉술 '항산'을 요즘 말로 하면, 직업이나 직장이라 할 수 있겠다.

캐순 맞다! 삶의 큰 줄기는 그때나 지금이나 별로 다를 게 없구나.

뭉술 그런데 어떻게 해야 인민들이 항산, 즉 생업을 가질 수 있지?

캐순 맹자는 생업의 최소 수준도 말했어.

범식 "부모를 섬길 수 있을 만큼 넉넉해야 하고, 처자식을 먹여 살릴 만큼은 되어야 하고, 경기가 좋으면 배를 두드리며 먹고, 경기가 나빠도 죽음을 생각하지 않을 정도"의 '항산'이 있어야 한다고 했지.

뭉술 요즘으로 치면 최소 임금제인가?

캐순   그게 아니야. 최소 임금제는 직장이 있는 사람에게만 해당 되지만, 맹자는 경제 활동이 가능한 사람을 포함해 모든 사람에게 살아갈 자리를 마련해주라는 거지.

범식   그러면 '최소 생활을 보장하는 사회'라고 해야겠다. '기본 소득'이 보장되는 사회라고 해도 좋고.

캐순   그보다 조금 더 나은 사회라고 생각해. 최소 생활만이 아니라, 교육까지 보장하잖아.

뭉술   그럼 '최소 문화생활 보장 사회'라고 하는 게 낫겠다.

범식   북유럽의 복지국가가 맹자가 바랐던 사회쯤 될까?

아마도~! 또 하나 생각해볼 게 있는데, '최소 문화생활을 보장하는 사회'가 아니면, 사람들이 방탕하고 간사하고 사악하고 사치하게 된다는 거야.

범식   최소의 삶이 보장되지 않으니 삶의 의미를 상실해 허랑방 탕한 인간이 되고, 먹고 살기 위해 간사한 짓도 마다하지 않고, 그보다 더 통 큰 사람은 사기치고 악독하게 굴며 돈을 벌 것이고, 그렇게 해서 돈깨나 모이면 사치하느라 별의별 짓을 다 하게 된다……. 맹자의 말이 딱 들어맞는다는 생각이 들지 않니?

뭉술   그런데 맹자는 더 놀라운 소리를 했어. 먹을 것이 없어 나쁜 짓을 한 사람들을 잡아다 벌주는 건 크게 잘못된 일이라는 것 말이야.

'인민을 그물질하는 것과 같다'고 혹독하게 비판하고 있지.

캐순 법이 그물이라는 거네.

뭉술 나쁜 짓 한 사람들을 죄주는 건 당연하지 않나?

캐순 죄줄 땐 전제조건이 갖추어져 있어야 한다는 거지. 죄를 짓
지 않아도 살 수 있는 사회가 전제되어야 한다는 거야.

범식 그 전제조건을 마련해야 할 사람은 임금이고.

뭉술 임금이 그것을 갖추어주지 못하면 어떻게 해야 한다고 말
하지, 맹자는?

캐순 지금까지 읽은 것에는 없었어. 나중에 나오지 않을까?

야옹샘 나옵니다. 여기까지가 〈양혜왕·上〉 편입니다.

양혜왕 • 하

인민과 함께 즐기시오

제나라 선왕의 신하인 장포莊暴가 맹자를 뵙고 말했다.

"제가 왕을 뵈었는데, 왕께서 저에게 당신은 음악을 엄청 좋아한다고 말씀하셨습니다만, 저는 뭐라 대답하지 못했습니다. 음악을 좋아한다는 건 정말 어떤 건가요?"

맹자가 말했다.

"왕께서 음악을 그토록 좋아하신다니, 제나라는 이상적인 나라에 가깝게 되겠군요."

며칠이 지나, 맹자는 제나라 선왕을 뵙고 말했다.

"임금님께서 전에 장포에게 음악을 좋아한다고 말씀하셨다고 하던데, 그런 적이 있습니까?"

왕은 정색을 하며 말했다.

"저에겐 '성군'들이 남겨 놓은 음악을 좋아할 수 있는 능력은 없습니다. 단지 요즘의 음악을 좋아할 뿐이지요.

캐순   왜 왕이 갑자기 음악에 대해서 물었을까?

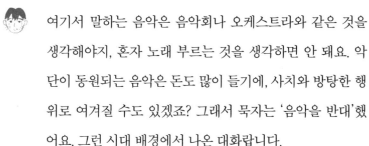

여기서 말하는 음악은 음악회나 오케스트라와 같은 것을
생각해야지, 혼자 노래 부르는 것을 생각하면 안 돼요. 악
단이 동원되는 음악은 돈도 많이 들기에, 사치와 방탕한 행
위로 여겨질 수도 있겠죠? 그래서 묵자는 '음악을 반대'했
어요. 그런 시대 배경에서 나온 대화랍니다.

뭉술   음악을 좋아하면 '이상적인 나라'가 될 수 있다는 건 뻥이
심한 거 아닌가?

범식   제나라 선왕이 자기가 좋아하는 음악은 '성군*'들이 남겨
놓은 음악이 아니라, 세속의 음악이라고 발뺌하는 것으로
보아 음악에 뭔가 특별한 게 있나 본데?

야옹샘   유학에선 음악을 통해 문명과 인격이 완성된다고 보았어
요. 공자가 "시詩를 통해 감흥을 일으키고, 예禮를 통해 줏
대를 세우고, 음악을 통해 이룩한다"† 라고 한 것도 그런 맥
락에서 한 소리예요.

---

*   본문은 선왕先王인데, 옛날에 이상적인 정치를 실제로 펼쳤던 왕, 요 순 우 탕왕을 뜻한
다. 조선은 그와 같은 왕을 성군이라 했기에 그렇게 옮겼다.

†   《논어》〈태백泰伯〉, "子曰, 興於詩, 立於禮, 成於樂."

캐순   헐~ 공자가 음악을 그렇게 높이 쳤다는 게 정말 쇼킹한
        데요.

야옹샘   공자와 유학에 대해 잘못 알려진 게 한둘이 아니죠!
        공자의 말에 따른다면, 음악을 좋아한다는 것은 인격이 완
        성되었다는 소리나 다름없다는 거네.

뭉술   그래서, 제나라 선왕이 자기는 '성군'들의 음악을 좋아하는
        건 아니라고 했구나.

범식   아무 음악이나 공자가 말한 효과를 가져올 수 있는 건 아니
        겠지!

이에 맹자가 말했다.

“왕께서 음악을 그토록 좋아하신다니, 제나라는 곧 이상적인
나라가 될 것입니다. 지금의 음악이나 옛 음악이나 다 한가지입
니다.”

뭉술   어, 맹자는 두 음악이 같다고 했어.

캐순   클래식과 대중음악이 같다는 소리잖아!

뭉술   맹자, 고리타분하지 않은데?

범식   결국 음악의 본질은 하나라는 건데, 그게 뭘까?

"그 까닭을 들을 수 있겠습니까?"

"나 홀로 음악을 즐기는 것과 다른 사람과 함께 음악을 즐기는 것, 이 중 어느 쪽이 더 즐거울까요?"

"그야 다른 사람과 함께 음악을 즐기는 것이 더 즐겁지요."

"몇몇 사람과만 음악을 즐기는 것과 다중과 함께 음악을 즐기는 것, 이 중 어느 쪽이 더 즐거울까요?"

"그야 다중과 함께 음악을 즐기는 것이 더 즐겁겠지요."

 음악의 본질은 '즐김'이라는 거겠지.

캐순   그런데 혼자 듣는 것보다 여럿이 듣는 게 더 즐거운 건가?

뭉술   콘서트에 혼자 있다? 썰렁하잖아!

범식   요즘처럼 CD 같은 걸로 들을 수 있었던 게 아니니까, 그럴 수 있겠다.

"임금님을 위해 제가 음악이란 무엇인가에 관해 말씀드리겠습니다. 지금 임금님께서 음악을 연주하시면, 인민들은 임금님의 편종소리, 북소리, 퉁소소리, 피리소리를 듣게 될 것입니다. 이때 인민들이 모두 골치아파하고 이맛살을 찌푸리며 '우리 왕이 음악을 좋아하면서, 어찌 우리를 이런 지경에 빠지게 한단 말인가? 어버이와 자식이 서로 만날 수 없고, 형제처자가 다 뿔뿔이 흩어지게 하다니!'라고 합니다.

또한 지금 임금님께서 사냥을 하시면, 인민들은 임금님의 수레와 말의 소리를 듣고 또 찬란한 깃발을 보게 될 것입니다. 이때 인민들이 모두 골치아파하고 이맛살을 찌푸리며 '우리 왕이 사냥을 좋아하면서, 어찌 우리를 이런 지경에 빠지게 한단 말인가? 어버이와 자식이 서로 만날 수 없고, 형제처자가 다 뿔뿔이 흩어지게 하다니!'라고 합니다. 어찌하여 이런 소리가 인민의 입에서 나오겠습니까? 딴 이유가 없습니다. 인민과 더불어 즐기지 않기 때문입니다.

일반 사람들은 굶주리다 못해 가족이 흩어지는 판국에, 윗사람들은 연회나 열고 스포츠나 즐기고 있으면 열불 나지?

캐순 연회, 스포츠가 문제가 아니라, 일반 사람들의 비참함은 아랑곳하지 않고 자기들만 살판났다는 게 문제지.

범식 그래서 묵자가 음악을 없애야 한다고 했구나.

뭉술 묵자의 주장이 이해가 되네.

캐순 그건 그렇고, 아직 맹자는 "음악을 좋아하면 천하 사람들이 존경하는 왕이 될 것"이라는 말의 근거를 밝히지 못했잖아?

지금 임금님께서 음악을 연주하시면, 인민들은 임금님의 편종소리, 북소리, 퉁소소리, 피리소리를 듣게 되겠지요. 이때 인민들이 모두 기꺼워하며 기쁜 낯을 하고서 '우리 임금님이 아픈 데 없이 건강하신가 보다. 그렇지 않고서야 어찌 저렇게 아름다운 음악을 연주하실 수 있겠는가?'라고 한다고 합시다.

또한 지금 임금님께서 사냥을 나가시면, 인민들은 임금님의 수레와 말의 소리를 듣고 또 찬란한 깃발을 보게 되겠지요. 이때 인민들이 모두 기꺼워하며 기쁜 낯을 하고서 '우리 임금님이 아픈 데 없이 건강하신가 보다. 그렇지 않고서야 어찌 사냥을 다니실 수 있겠는가?'라고 한다고 합시다. 인민이 이렇게 말하는 데는 다른 까닭이 없습니다. 인민과 함께 즐기기 때문입니다.

지금 임금님께서 인민과 함께 즐기신다면 그것이 곧 왕도를 실현하는 길이니, 그에 따라 천하의 임금님이 될 수 있습니다."

범식   지도자가 인민들 모두를 즐겁게 해주는데, 그런 지도자를 존경하고 걱정하지 않을 인민은 없겠지!

 혼자 즐거운 것보다 함께 즐거운 게, 즐거움의 본질에 가까이 있다! 정말 그런가?

범식   '지도자의 즐거움'이라면, 그런 즐거움이어야겠지.

뭉술   독재자는 안 그럴 테고.

야옹샘 "인민과 함께 즐긴다"는 말은 여민동락與民同樂을 옮긴 거예요. 여민동락 하면 떠오르는 게 없나요? 네 글자 중 한 글자를 빼면 많이 들어봤던 낱말이 생길 거예요.

캐순·뭉술·범식   (일동 침묵) ~ ~ ~.

 여민락이요!

캐순 오홋! 뭉술이~.

범식 아, 조선의 궁중 음악!

야옹샘 옙.

캐순 맹자가 꿈꾸었던 나라를 실제로 만들어야겠다는 마음이, 조선의 음악에 그런 이름을 붙인 거구나…….

과인의 동산은 사방 40리밖에 안 되오

사방 40리나 되는 함정을 파 놓고선

제나라 선왕이 물었다.

"문왕文王의 동산이 사방 70리나 될 정도로 컸다고 하는데 정말 그렇습니까?"

맹자가 대답했다.

"전해오는 문헌에 그렇다고 되어 있습니다."

"아니, 그렇게나 컸단 말인가요?"

"당시 인민들은 그것도 작다고 여겼습니다."

"과인의 동산은 사방 40리에 지나지 않습니다. 그런데도 인민들이 크다고 여기니, 어찌 이럴 수 있습니까?"

뭉술   제나라 선왕이 이 소리를 꺼낸 까닭이 있을 텐데?

범식   문왕의 동산보다 자기 동산이 더 작으니까, 자기는 문왕보

다 더 검소하다는 거지? 그런데 문왕은 공자의 제자들만이
아니라 대부분의 사람들이 인정하는 '성군'이거든.

뭉술   검소한 만큼, 자기가 문왕보다 더 인민들과 즐기고 있다는
자랑을 하고 싶은 거구만.

캐순   앞에서 맹자가 제나라 선왕에게 "임금님께서 인민과 함께
즐기신다면 그것이 곧 왕도를 실현하는 길이니, 그에 따라
천하의 왕이 될 수 있다"고 했잖아? 그게 헛소리라는 걸 말
하고 싶었던 거지.

뭉술   자기는 그렇게 했는데도 "천하의 왕"이 못 되었다며, 맹자
를 비판하는 건가?

범식   맞아. 그런 점에서 제나라 선왕은 능구렁이야.

캐순   샘! 사방 70리면 어느 정도죠?

 요즘 중국에선 1리를 500미터로 하고 있으나, 옛날엔 '360
걸음을 1리'라고 했어요. 1리는 300미터쯤일 테니까, 사방
70리면 한쪽 길이가 70×300미터=21,000미터인 정사각형
즉 21킬로미터×21킬로미터=441제곱킬로미터가 되겠네
요. 지리산이 440제곱킬로미터이고 서울시가 605제곱킬
로미터니까, 지리산만큼 또는 서울의 3분의 2쯤 되는 큰 동
산이라고 생각하세요.

범식   이건 동산이라고 할 수 없어!

뭉술 놀이동산이지, 왕의~~.

캐순 제나라 선왕의 동산은 얼마나 되지.

범식 사방 40리면 한쪽 길이가 300미터×40=12,000미터인 정
사각형이니까, 144제곱킬로미터네.

뭉술 문왕 것의 3분의 1밖에 안 돼! 제나라 선왕으로선 충분히
내세울 만했겠는데?

 그래도 서울의 4분의 1이나 돼. 결코 작다고 할 수는 없어.

맹자가 말했다.

"문왕의 동산은 사방 70리니 넓다고 할 수도 있습니다. 하지
만 꼴을 베는 사람이나 나무꾼도 그곳에 들어갈 수 있었고, 꿩
이나 토끼를 잡는 사람도 맘대로 드나들 수 있었습니다. 문왕
은 그 동산을 인민들과 공동으로 소유하신 셈이지요. 그러니 인
민들이 문왕의 동산을 작다고 여긴 것은 너무도 당연하지 않습
니까?

제가 처음 이 나라에 들어왔을 때, 먼저 이 나라가 특히 금하
는 법[大禁]이 무엇인지를 확인한 뒤에야 감히 들어올 수 있었습
니다. 교외와 성의 관문 사이에 사방 40리인 동산이 있는데, 그
곳에서 사슴이나 고라니를 죽인 자는 살인자와 같은 형벌로 처
벌받는다고 들었습니다. 이것은 사방 40리나 되는 엄청난 함정

"문왕의 동산-사방 70리"

"제선왕의 동산-사방 40리"

을 나라 안에 파 놓은 것입니다. 이 정도면 커도커도 너무 크다고 생각하는 게 당연하지 않습니까?"

범식 문왕의 동산은 개인 소유가 아니라 국민이면 누구나 이용할 수 있는 국가 소유였구나!

뭉술 공공재였던 거네.

캐순 공공재는 많으면 많을수록 일반 사람들에게 좋은 것 아닌가?

뭉술 권력자와 재산가에게는 빼고.

그런데 제나라 선왕은 서울의 4분의 1쯤 되는 땅에 '개인' 놀이동산을 설치했으니, 인민들이 좋아할 턱이 없지.

범식 그곳에 들어가기만 해도 사형이야!

뭉술 정말 지상 최대의 구덩이이다.

범식 제나라 선왕의 동산이 가진 실상을 맹자가 정확히 꿰뚫었다는 생각이 든다.

캐순 제나라 선왕이 능구렁이라면, 맹자는 하늘을 나는 매라는 생각이 들지 않니?

범식 옴짝달싹하지 못하게 한달음에 내리꽂는 꼴이 딱 매다.

뭉술 맹자도 맹자지만, 동산을 공공재와 개인 놀이동산으로 비유한 캐순이도 맹자와는 다른 점에서 빼어난데?

범식   나도 인정!

아옹샘   샘도 인정합니다. 한 가지 더 말씀드리면 맹자의 나라를 세
        우려 했던 조선에서는, 그래서 산·냇가·연못·갯벌을 개인
        소유로 하는 걸 강력히 막았어요. 하지만 시간이 지나면서
        유력자들 손으로 조금씩 들어가다가, 18·19세기엔 상당히
        많은 부분이 그들 소유로 되었죠.

범식   그래서 19세기에 여기저기서 민중 봉기가 일어났고 급기
        야는 동학 농민 전쟁이 터졌군요.

        산·냇가의 사유화도 문제였지만, 유력한 가문들이 농토를
        대거 차지한 게 더 큰 문제였죠.

뭉술   고려도 대농장이 확대되어서 망한 것 아닌가?

범식   그랬지. 그래서 위화도 회군을 한 뒤 제일 먼저 한 게 대농
        장을 해체하는 일이었지.

캐순   "농토는 농민들에게"가 그때 정도전이 세운 깃발이었고.

범식   그걸 완벽하게 이루어내지는 못했지만, 상당한 정도로는
        이룬 게 조선이지. 과전법*이 바로 그거야.

---

* 위화도 회군 뒤, 회군 세력이 가장 집요하게 이루려 애썼던 건 토지개혁이다. 과전법으로
  말해지는데, 전국에 걸쳐 토지 몰수와 재배치가 진행되었다. 회군 세력은 이것을 균전제
  均田制라 했다. 이것을 하느라 회군세력을 대표해서 조준은 토지개혁 상소문을 창왕 원
  년 8월, 원년 12월, 공양왕 3년 7월까지 세 번이나 냈다.

용맹을 떨치고 싶소

한번 성을 내어 천하의 인민을 평화롭게 만들 용기

제나라 선왕이 물었다.

"이웃나라와 사귀는 것에도 올바른 길이 있습니까?"

맹자가 대답했다.

"있고말고요. 오직 어진 사람만이 큰 나라를 가지고서도 작은 나라를 섬길 수 있습니다. 은나라 탕왕湯王이 작은 나라인 갈葛나라를 섬긴 것, 주나라 문왕文王이 작은 나라인 곤이昆夷를 섬긴 것이 그 경우이지요. 반대로, 작은 나라이기에 큰 나라를 섬기는 것은 오직 지혜로운 사람만이 그럴 수 있습니다. 주나라의 고공단보 태왕이 흉노족 훈육燻鬻을 섬긴 것, 월나라 왕 구천句踐이 오吳나라를 섬긴 것이 그 경우이지요.

큰 나라임에도 작은 나라를 섬기는 사람은 하늘을 즐길 줄 아는 자이고, 작은 나라이기에 큰 나라를 섬기는 사람은 하늘을

144

두려워할 줄 아는 자입니다. 하늘을 즐길 줄 아는 사람은 천하를 보전하고, 하늘을 두려워할 줄 아는 사람은 자기 나라를 보전합니다. 시詩에 '하늘의 위엄을 두려워하니, 나라를 잘 보전하네!'라는 구절이 있는데 바로 이 말입니다."

범식 조선의 외교 정책이 사대교린이었는데,《맹자》에 다 있는 거네.

뭉술 조선의 사대주의도《맹자》에서 나왔다는 거야?

캐순 사대와 사대주의는 다르잖아.

범식 사대만이 아니라, 큰 나라가 작은 나라를 섬긴다는 사소事小도 있기는 하지만.

 사대는 작은 나라가 큰 나라에게 침략을 당할 수도 있으니까 작은 나라가 큰 나라를 받든다는 것이고, 사대주의는 무조건 큰 나라를 섬긴다는 거지. "작은 나라를 가진 사람이 큰 나라를 섬기는 것은 하늘을 두려워해서 그런다"는 말은 어쩔 수 없어서 그렇게 한다는 소리야! 오나라와 월나라 관계를 떠올려 봐. 만약에 월나라 구천이 오나라 부차를 섬기지 않았다면 어떻게 되었겠어. 월나라는 오나라에게 그냥 망하는 거잖아.

범식 이 상황에서 나온 한자성어가 와신상담, 오월동주지.

뭉술   조선의 사대도 맹자가 말한 의미였나?

범식   조선 전기 명나라와의 관계는 그런 정책적인 차원에서 이루어졌다고 보는 게 옳을 것 같아. 사대를 하는데도, 명나라가 조선의 내정에 간섭하려 들자 정도전을 중심으로 과감히 요동 정벌 계획을 세우고 실제로 준비했어. 사대주의자들이었다면 있을 수 없는 일이지.

캐순   지금 우리와 미국과의 관계도 완벽히 동등한 동맹국이라고는 할 수 없잖아?

🧑   조선 전기엔 그 정도에서 사대를 했는데, 왜 조선 후기엔 사대주의로 흘러갔을까?

야옹샘 조선 후기에 큰 나라는 어느 나라죠?

뭉술   명나라죠!

야옹샘 명나라는 임진왜란 후 급격히 국력이 기울어, 얼마 안 있어서 청나라에게 망했는데도 명나라가 큰 나라인가요?

뭉술   대국은 그럼 청나라인 거잖아.

캐순   조선은 오히려 반청을 했는데? 반청을 하다 병자호란도 당했고.

범식   병자호란 땐 명나라가 아직 망한 상태는 아니었잖아.

뭉술   망해 가는 나라를 대국이라고 할 수는 없잖아?

캐순   그때 조선 선비들이 말한 '큰'의 의미는 단순히 물리적으로 큰 나라가 아니었겠는데?

범식   명나라가 망한 뒤에도 명나라에 대한 의義를 지키려고 했
으니까, 그걸 사대주의라고 해야 하는가는 생각을 좀 더 해
봐야겠다.

뭉술   그럼 조선 선비들이 생각했던 '큰'의 의미는 뭐지?

야옹샘   '빼어난 문화'란 뜻이 아닐까요? 그때 우리 문화는 중국에
서 들어온 유학이었지만, 유학은 삼국시대·고려·조선 전
기를 거치면서 이미 우리 문화가 되었다고 하는 게 올바르
겠죠.

뭉술   여진족의 문화는 우리 문화와는 많이 달랐겠지?

범식   여진족과 전혀 교류가 없었던 건 아니니까, 우리와 전혀 다
른 문화라고는 할 수 없을 거야.

캐순   그렇지만, 이질적인 면이 더 많았을 거야. 그들은 유목과
채집을 주로 하는 문화였으니까.

조선 선비들은, 삼국시대부터 이미 '우리 문화가 된' 중화
문화를 지켜야 한다는 사명감이 아주 컸어요. 중요한 건 중
화문화의 의미가 단순히 한족의 문화를 의미하는 게 아니
라, 공자·맹자가 그리워하고 이루려했던 문화를 뜻한다는
거예요. 청나라가 중국을 제패했을 때, 명나라는 지구상에
서 이미 사라졌어요. 그 문화를 지키고 전달할 사명이 조선

에 있다고 조선의 선비들은 생각했죠. 그래서 나온 게 '조
선중화주의'와 '진경 산수화'라고 해요.

뭉술   '조선중화주의'라면 조선이 중국이 되어야 한다는 소리인
가요?

야옹샘   '중화'란 말은 혈연이나 지역 개념을 넘어선 문화 개념이에
요. 진나라·수나라를 중화의 나라라고는 하지 않아요. 유
방이 세운 한나라도 반쯤만 중화나라로 여길 정도예요. 주
공·공자·맹자·주자를 통해 내려온 문화를 중화라고 하죠.
그 문화가 이 땅에 들어와서 우리 문화가 되었다는 게 조선
중화주의의 뜻이에요.

캐순   르네상스 때 서양이 그리스 문화를 부활시키려 했듯이 우
리도 그랬다고 봐야 하는 건가?

아주 똑같은 건 아니지만 서양은 그리스 문화를, 조선은 중
화문화를 선진적인 문화로 여기고 그것을 보존하고 꽃피
우려고 했다는 점에서 비슷한 모양이라고 할 수 있지 않을
까?

뭉술   그러면 조선중화주의란, 가장 훌륭한 문화가 조선에 있다
는 자부심인가?

캐순   일종의 문화민족주의라고 할 수도 있겠지.

야옹샘   그렇죠. 그런 의식이 가진 한계도 분명히 있어요. 하지만

조선 후기의 '사대'라는 게 망한 나라 허깨비를 섬기자는
것이 아니었다는 건 확실해요.

 그런데 큰 나라이면서 작은 나라를 섬기는 경우도 있을까?

범식   그건 이상이겠지.

캐순   맹자는 역사에서 그 사례를 들었잖아? 그 말을 얼마나 믿
을 수 있는지는 모르겠지만.

뭉술   망한 명나라를 붙들고 있었던 조선의 모습도 그 중 하나가
아닐까?

범식   망한 명나라가 아니라 유구한 역사 속에서 언뜻언뜻 그 얼
굴을 드러냈던 중화문화를 붙들고 있었다고 봐야 할 것 같
아. 다만 명나라는 그 문화를 전달해 주는 역할을 했던 거
고. 조선이 그 바톤을 받은 거지.

야옹샘   정조대왕도 중화문화가 조선으로 옮겨졌다는 생각을 분명
히 했어요.

캐순   그건 그렇고, 제나라 선왕은 사대교린에 대해 어떤 태도를
취했지?

왕이 말했다.

"참으로 훌륭한 말씀입니다. 그런데 과인에게는 병폐가 있습
니다. 용맹을 떨치는 일을 하는 게 마음에 쏙 든다는 점입니다.

캐순   제나라 선왕은 '사대교린' 정치를 거부하겠다는 거구만.

뭉술   싸우고 싶어 근질근질하다잖아.

    맹자가 머쓱했겠는데?

캐순   맹자의 독설이 또 나오겠지, 양혜왕에게 했던 것처럼!

맹자가 대답했다.

"임금님께서는 작은 용맹을 좋아하지 마소서. 칼을 만지작거리면서 눈을 부라리고는, '네깐 놈이 감히 나에게 맞서겠단 말이냐!' 하고 큰소리치는 것은 필부의 용맹입니다. 한 사람을 대적하는 거지요. 왕이시여! 그 용맹을 거대하게 키우소서!

《시경詩經》에 다음과 같은 가사가 있습니다.

'[밀密나라 사람들이 함부로 전쟁을 일으켜 거莒나라를 침략하니] 문왕께서 불끈 성을 내시고, 곧 군대를 정비하셔서, 거나라를 침략하는 밀나라 군대를 막으셨도다. 이렇게 주周나라(문왕의 나라)의 복을 돈독히 하고, 천하 사람들의 바람에 부응하셨도다.' 문왕의 용맹은 바로 이것입니다. 문왕이 한번 성을 내자, 천하의 인민이 평화를 얻게 되었지요.

또 《서경書經》에 다음과 같은 무왕의 말씀이 적혀 있습니다.

'하느님께서 이 땅에 인민을 내실 적에 임금과 스승도 마련하셨는데, 그것은 하느님을 도와 천하의 온 인민을 사랑하라는 뜻

에서 그리 하셨소. 그러니 사방의 죄 있는 자는 벌하고, 죄 없는
자는 편안케 해주는 것은 내가 져야 할 짐이오. 천하의 그 누가
이러한 나의 뜻을 감히 막을 수 있으리오!'

한 사람이 천하를 놓고 횡포를 저지르자, 무왕은 그것이 자기
책임이라고 여겨 부끄럽게 여기셨습니다. 무왕의 용맹은 바로
이것입니다. 무왕 역시 한번 성을 내자, 천하의 인민이 평화를 얻
게 되었지요. 지금 왕께서도 한번 성을 내시어 천하의 인민을 평
화롭게 만드는 용기를 보이신다면, 인민들은 오히려 왕께서 용
맹을 좋아하시지 않을까봐 걱정일 것입니다."

캐순   제발 싸우기를 좋아하라고 하고 있어, 맹자가!
범식   다만, 자잘한 싸움이 아니라 큰 사람의 싸움을 하라는
       거지.
큰 사람의 싸움이라…….
캐순   한 번 분노를 터뜨려서 이 세상 사람들에게 평화를 가져다
       줄 정도의 큰 싸움.

현자에게도 이런 즐거움이 있소?

즐거움도 천하와 더불어, 근심도 인민과 더불어

제나라 선왕이 맹자를 설궁雪宮에서 뵈었다.

왕이 말했다.

"현자들에게도 이러한 즐거움이 있었습니까?"

맹자가 대답했다.

"있었지요. 이런 즐거움을 누릴 수 없는 사람들은 그 윗사람을 비난합니다만, 자기가 이런 즐거움을 누리지 못한다고 해서 그 윗사람을 무조건 비난하는 것은 잘못입니다. 하지만 인민의 윗자리에 있으면서 그 즐거움을 인민들과 함께 나누지 않는 것 역시 잘못입니다. 군주가 인민들이 즐거워하는 것을 즐거워하면, 인민들은 반드시 군주가 즐거워하는 것을 즐거워합니다. 군주가 인민들이 근심하는 것을 근심하면, 인민들은 반드시 군주가 근심하는 것을 근심합니다. 즐거움을 천하와 더불어 하고,

근심을 천하와 더불어 하는데도 천하 인민이 그를 따르지 않는 경우는 지금껏 없었습니다.

뭉술 현자賢者에게도 이런 즐거움이 있다는 게 무슨 소리지?

범식 현자가 그 정도의 집에서 사는 게 잘못이 아니냐는 거지.

캐순 맹자가 갑자기 일반 인민을 들고 나온 까닭은 뭘까?

범식 지도자라면 현자뿐만 아니라 일반 인민도 그 정도의 집에서 살도록 정치를 해야 한다는 거지.

캐순 하지만 일반 인민에게 그런 집이 없다고 해서 일반 인민이 지도자를 비난하는 것도 잘못이라고 했잖아?

범식 모든 인민이 그 규모의 집을 갖기는 현실적으로 어려웠겠지.

그냥, 이상을 제시한 건가?

범식 이상이기는 이상이되, 지도자는 그것을 현실화해야 한다고 여기고, 그렇지 못한 현실을 보고선 자기 탓을 해야 한다는 게 아닐까?

옛날에 제나라 경공景公이 안자晏子에게 물었는데, 그 물음과 대답이 임금님께 도움이 될 겁니다. 다음이 그것입니다.

 '나는 지금 유람을 하려 합니다. 전부산轉附山과 조무산朝儛山

을 둘러보고, 그곳에서 바닷가를 따라 남쪽으로 내려가 낭야琅邪까지 가려고 합니다. 내가 유람 중에 무슨 일을 해야, 옛날 위대한 왕들의 유람에 어깨를 나란히 할 수 있을까요?'

안자가 대답했다. '참으로 훌륭한 물음입니다! 천자天子가 제후諸侯 나라에 가는 것을 순수巡狩라고 합니다. 순수라는 말뜻은, 제후가 지키고 있는[狩] 봉토封土를 순시巡視한다는 것입니다. 또한 제후가 천자를 찾아뵙는 것을 술직述職이라 합니다. 술직의 말뜻은, 제후가 맡은 바 직무를 보고한다는 것입니다. 천자든 제후든, 유람은 그저 놀러가는 것이 아니라 일거리를 처리하러 가는 것입니다.

봄에는 밭갈이한 것을 살펴 부족한 것을 보태주고, 가을에는 수확 상태를 살펴 모자라는 것을 도와줍니다. 하나라 사람들이 이렇게 말했습니다. "우리 임금님이 유람하지 않으면 우리들은 쉴 수가 없네! 우리 임금님이 놀러 오시지 않으면 우리들은 어디서 도움 받나? 한 번 유람 오시고 한 번 놀러 오시는 것이 모두 제후의 법도가 된다네!"

지금은 그렇지 않습니다. 임금님이 순행을 가면 많은 군대를 거느리고 다녀 인민이 먹어야 할 식량을 그들이 먹어치웁니다. 배고픈 인민은 [임금으로부터 도움 받아] 먹지 못하고, 수고하는 인민들은 쉬지 못합니다. 결국 인민들은 서로 눈을 흘기고 비방하면서 못된 짓을 저지르지요.

　그뿐이 아닙니다. [지금의 왕들은] 옛날 훌륭한 임금들의 가르침을 어기고 자기 나라의 인민을 학대하며, 음식을 물처럼 낭비합니다. "유련황망流連荒亡"을 하고 있으니, 이것은 제나라에 소속된 '작은 제후'들의 근심이 되었습니다. '유流'는 배 띄우고 놀면서 끝 간 데 없이 내려갈 뿐 돌아올 줄 모르는 것이고, '연連'은 배를 띄워 물을 거슬러 올라가 놀 뿐 다시 돌아올 줄 모르는 것입니다. '황荒'은 사냥에 푹 빠져 만족을 모르고 그 짓을 계속하는 것이고, '망亡'은 술에 절어 사는 것입니다. 옛 성왕들은 이러한 유련流連의 방탕함도 황망荒亡한 행동도 없었습니다.

　훌륭한 옛 왕의 아름다운 행동과 지금 군주들의 횡포, 이 둘 중에서 임금님(제나라 경공)의 유람이 어느 것이 될지는 오직 임금님께 달려있습니다.'

범식　두 부류의 권력자를 대비시켰어.

뭉술　천하 사람과 '더불어 즐기고 더불어 근심하는 권력자' VS '자기 혼자 즐거운 권력자'.

캐순　지도자가 시찰하는 목적이, 밑엣 사람들에게 부족한 게 뭐 없나를 보자는 거였구나.

　관광하듯, 즐기러 다니는 권력자도 있다는 게 문제지.

뭉술   한 몫 챙기려들지만 않아도 다행이야.

범식   제나라 경공은 어느 쪽을 택할까?

제나라 경공은 이런 비판을 듣고서도 크게 기뻐했습니다. 그러고는 온 나리에 근신하라는 포고령을 내리고, 당신 스스로는 궁전을 나와 교외에 머물면서, 창고를 열어 인민들의 모자람을 채워주셨지요. 그런 다음 음악을 관장하는 관리를 불러 명했습니다. '나를 위해 임금과 신하가 함께 기뻐하는 음악을 지어주시오!' 이렇게 해서 만들어진 음악이 바로 치소徵招와 각소角招입니다. 그 곡에, '임금을 저지하는 것이 무슨 허물이 되랴!'라는 노랫말이 있습니다. 임금을 저지하는 것이야말로 임금을 사랑하는 것이라는 말이지요. "

캐순   제나라 경공은 함께 즐기는 쪽에 섰어.

범식   우리나라에도 이제 이런 지도자가 있게 되었지.

⊙   그렇지만 기존의 문제점을 해결해나가는 데는 꽤 긴 시간
        이 걸릴 거야.

캐순   다음 대통령 때까지도 그 문제는 다 해결되지 않을 거야.
        긴 세월 동안 쌓인 문제이니까.

범식   그때도, '인민과 함께 즐기고 아파하는 이런 정치'에서 벗

어나지 않아야 할 텐데....

캐순   그건 그렇고, 맹자로부터 제나라 경공의 일화를 들은 제나
        라 선왕은 어떤 태도를 취할까?

과인은 재물이 좋소

인민과 함께 소유하신다면야

제나라 선왕이 물었다.

"사람마다 옛날 천자가 제후를 순수할 때 썼던 태산의 명당明堂을 헐어버리라고 하는데 그것을 허는 게 나을까요, 그대로 두는 게 나을까요?"

캐순   샘! '명당明堂'은 집이나 묘를 정할 때 찾는 좋은 자리를 뜻하는 게 아닌가요?

야옹샘   그런 의미로 쓰는 경우도 있지만, 여기서는 그런 뜻이 아니에요. '명당明堂'의 쓰임에 대해선 여러 가지 설이 있는데, 천자만 사용할 수 있었던 곳이란 점에선 일치해요.

범식   그렇다면, 제나라 선왕이 그곳을 '허물까요, 말까요' 한 것은 자기가 천자가 되려 한다는 욕망을 넌지시 드러낸 거잖아?

뭉술   문제없잖아? 천자답기만 하면 되는 거지.

범식   제나라 선왕은 제후니까 그렇지! 제후가 천자가 되는 것은
       나쁘게 말하면 하극상이고, 좋게 말하면 역성혁명 즉 왕조
       를 교체하는 일인데?

뭉술   역성혁명 또는 하극상에 대해 맹자는 어떤 태도를 취했지?

맹자가 대답했다. "명당이란 천하를 다스리는 임금이 쓰는 전당
입니다. 임금님께서 진정 왕도를 실현하시어 천하를 통일하고자
한다면 헐지 마십시오."

뭉술   제나라 선왕 마음대로 하라는 거네.

범식   마음대로가 아니고, 왕정王政을 하는 조건으로 인정한 거지.
       왕정을 행하면 역성혁명이고, 그렇지 않으면 하극상인 쿠
       데타라는 건가?

범식   샘, 왕정의 구체적인 내용이 뭐죠.

야옹샘   조선의 선비와 왕들도 늘 왕정을 생각했어요. 그분들에게
       패도覇道는 사람으로서 차마 해서는 안 되는 정치였죠.

범식   패도가 뭔데요?

야옹샘   힘을 바탕으로 인민들 위에 군림하는 게 패도고, 덕을 바탕
       으로 인민과 더불어 하는 게 왕정이에요. 앞에서 맹자가 여

러 번 말했던 '인민과 더불어 즐긴다'는 게 왕정의 뼈대죠.

캐순   조선을 알기 위해서라도, 왕정의 구체적인 내용이 무엇이 었는지를 꼼꼼히 살펴야겠는데?

 맞아요. 왕정은 인정仁政인데, 그것은 단지 어진 게 아니에 요. '어진 정치제도'를 뜻해요. 위화도 회군 뒤 실시했던 토 지개혁이 그 대표적인 거지요. 그 밖에도 신문고제도, 왕조 실록편찬, 경연제도 등이 다 '어진 정치제도'에 해당해요.

왕이 말했다.

"왕도를 실현하는 정치에 관해 말해줄 수 있으시겠습니까?"

맹자가 대답했다.

"옛날에 문왕께서 기岐 땅을 다스리실 때, 농민이 내는 세율이 9분의 1밖에 안되었습니다. 그리고 관리 노릇하는 사람들에겐 그 봉록을 세습시켜 주어 생활 걱정을 없애 착취를 안 해도 되게 끔 했고, 국경 관문이나 시장에서는 조사하기는 했으나 세금은 전혀 걷지 않아 무역을 활성화했으며, 저수지나 웅덩이에서 고기 잡는 것을 막지 않았으며, 죄인을 벌할 때도 그 처자식을 함께 얽어매지 않았습니다.

늙었는데 아내가 없는 홀아비를 환鰥이라 하고, 늙었는데 남 편이 없는 과부를 과寡라 하고, 늙어서 자식이 없는 독거노인을 독獨이라 하고, 어버이 없는 어린아이를 고孤라고 합니다. 이 네 부류의 사람들이야말로 천하에 궁핍한 사람들이며 하소연할 곳 조차 없는 사람들입니다. 문왕께서는 어진 정치를 행하셨는데, 반드시 이 네 부류의 사람들을 먼저 보살피시는 복지정책을 펼치셨습니다. 시경에 '부자들이야 뭔 걱정이 있으리오? 곤궁하고 외로운 이들이 슬플 뿐!'이란 노랫말이 있지 않습니까?"

캐순   세금을 9분의 1 내면 적게 내는 건가?

뭉술   요즘은 얼마쯤 될까?

범식   기준을 어떻게 잡느냐에 따라 달라지지만, 전체 세금 액수를 우리나라 영토 안에서 생산된 부가가치의 총액으로 나눈 '조세부담률'로 살펴보면, 2012년 기준으로 한국은 20.2퍼센트이고 복지국가인 스웨덴은 38.6퍼센트야.

   맹자가 말한 조세부담률은 11퍼센트인데, 어떤 게 더 좋은 거지?

범식   먼저 세금이 어디에 쓰이는가를 따져봐야겠지?

캐순   스웨덴이 조세부담률이 그렇게 높은 것은 복지비용 때문이야.

뭉술   맹자도 복지국가를 주장했다고 할 수 있겠지? 홀아비, 과부, 독거노인, 고아를 잘 보살피라고 했잖아?

범식   그 정도를 두고 복지국가라고는 하지 않아. 복지국가란 '국민들 일반'이 교육·의료·주택·생활 등에서 어느 정도의 인간적인 품위를 가질 수 있도록 국가가 보장하는 나라를 뜻해.

뭉술   그래서 현대 복지국가들의 세금부담률이 높은 거구나. 옛날엔 세금을 어디에 썼지?

범식   대부분 국가 유지비였지. 군사비, 행정비용, 흉년 대비에 주로 썼을 거야.

캐순   군사비도 방어용이냐 침략용이냐를 구분할 필요가 있어. 행정비용도 필수비용이냐 사치와 놀자판을 위한 비용이냐를 구분해야지.

뭉술   앞에서 맹자가 인용했던 "유련流連의 방탕함이나 황망荒亡한 행동"을 말하는 거지!

캐순   옛날엔 세금을 많이 거두어 주로 침략전쟁을 일으키고, 사치와 방탕한 짓을 하는 데에 썼던 것 같아.

야옹샘   그래요. 세금부담률을 살필 땐, 맹자 때 국가의 역할과 지금 국가의 역할이 다르기 때문에 다른 잣대로 봐야 하겠네요. 지금은 국가의 역할 중 복지·문화 부문이 도드라지지만, 그때는 미약했던 게 사실이니까요.

범식   "저수지와 웅덩이에 들어가는 것을 막지 않았다"는 것은 요즘으로 치면 무슨 소릴까?

캐순 그것들은 농사와 함께 먹고 살기 위해 꼭 필요한 것들인데, 거기에서 나는 '가치 있는 것'을 인민들 모두의 것으로 한 거니까, 요즘으로 치면 국가기간산업을 개인이 소유할 수 없게 한 셔라고 할 수 있지.

뭉술 그 당시 저수지는, 지금의 전기·철도·도로 등에 해당한다고 할 수 있겠지?

왕이 말했다.

"참으로 좋은 말씀이십니다!"

맹자가 말했다.

"왕께서는 그렇게 좋게 여기시면서 어찌하여 그것을 실행하지 않으십니까?"

왕이 말했다.

"과인에게 병통이 있소. 과인은 재물이 너무 좋소."

 제나라 선왕도 참 능글능글하다.

범식 '좋은 말이지요' 하면서도 '자기는 재산 모으는 재미'에 산다며 노골적으로 맹자를 무색하게 만들었어.

뭉술 그 정도에 물러날 맹자가 아니지.

맹자가 대답했다.

"주나라 초기에 공류公劉라는 분이 다스렸는데, 이 분도 재물을 좋아하셨습니다. 이 분을 기리는 시詩가 있지요. '노적가리를 높이 쌓고 창고에도 가득 채워놨다네. 그런 다음 말린 음식을 차곡차곡 자루에 담아 길을 떠나네. 인민을 편안케 하고서, 나라를 빛낼 날을 꿈꾸며 활과 화살, 방패와 창, 크고 작은 도끼를 갖추어 길을 떠났네.'

그러므로 남아있는 인민에겐 노적가리와 창고에 쌓인 곡식이 있었고, 길 떠나는 인민에겐 자루에 식량이 잔뜩 있었으니 걱정이 없었습니다. 그런 연후에나 길을 떠나서, 나라를 빛냈습니다. 임금님께서 재물을 좋아하시되, 그것을 인민과 함께 소유하신다면 임금님께서 천하에 왕이 되어 왕정을 펼치는 데에 무슨 어려움이 있겠습니까?"

범식 　혼자만 재물을 모으지 말고, 인민들에게도 모아준다면 그게 무슨 잘못이냐는 거지.

캐순 　맹자는 '이익 추구'를 반대한 게 아닌데?

　　　그래요. 유학 역시 이利를 중요시해요. 다만 자기에게만 이로운 게 아니라, 널리 이익이 되는 것이어야 해요. 그런 것을 큰 이로움, 즉 대리大利라고 하죠.

왕이 말했다.

"과인에게 또 다른 병통이 있습니다. 과인은 여인이 너무 좋습니다."

맹자가 대답했다.

"옛날에 고공단보 태왕(주나라 문왕의 할아버지)께서도 여인을 좋아하셔서 그 부인 강씨姜氏를 무척 사랑하셨지요. 시에, '고공단보가 아침에 말을 달려 서쪽 물가를 따라 기산岐山 아래에 이르렀네. 같이 온 강씨 부인과 함께 새 집터를 잡고 함께 사셨네.'라는 가사도 있지 않습니까?

고공단보가 다스리던 때엔 안으로는 시집을 못가 원한을 품은 여자도 없었고, 밖으로는 장가를 못가 외로운 남자도 없었습니다. 임금님께서 여인을 좋아하시되 인민들도 그럴 수 있도록 만드신다면, 임금님께서 천하에 왕이 되어 왕정을 펼치는 데에 무슨 어려움이 있겠습니까?"

캐순   왜 제나라 선왕이 갑자기 자기는 '여자를 좋아한다'고 했지?

뭉술   맹자의 소리가 듣기 싫다는 거지.

범식   그런데도 맹자는 '여자를 좋아하는 게 뭐가 나쁘냐'며 자기 아내랑 사이좋은 게 당연하지 않은가 하며 시치미 뚝 떼고 말하는데?

캐순   이럴 땐 맹자가 더 능구렁이 같은데?

뭉술   그럼 맹자는 구렁이에 매가 합쳐진 건가, 그러면 용龍이잖
        아?

범식   재밌는 비유다.

캐순   용龍인 맹자가 또 한 마디 했어. 인민들 중에 장가 못가고
        시집 못가는 사람이 없게 해라. 그게 진정으로 여자를 좋아
        하는 거다, 라고.

뭉술   인민과 함께 바람피워도 된다, 이런 소리는 안 했지?

범식   당연하지!

"과인은 병통이 있소"   "인민과 함께 한다면야"

나라가 잘 다스려지지 않는다면, 왕을?

맹자가 제나라 선왕에게 말했다.

"왕의 신하 중에 초나라에 사신으로 가면서, 친구에게 자기 처자식을 돌봐달라고 부탁하고 떠난 사람이 있다고 칩시다. 초나라에서 돌아와 보니 그 처자식이 모두 추위에 떨고 굶어죽게 생겼다면, 그를 어떻게 하시겠습니까?"

왕이 말했다.

"그런 자는 버려야지요."

맹자가 말했다.

"장수가 병사를 다스리지 못한다면 어떻게 하시겠습니까?"

제나라 선왕은 말했다.

"그런 장수는 파면시켜야지요."

맹자가 말했다.

"나라가 잘 다스려지고 있지 않다면, 어떻게 해야겠습니까?"
왕은 좌우를 둘러보며 딴청을 했다.

뭉술   맹자의 비유, 정말 끝내준다.

범식   비유이기는 하지만, 여기에서 맹자가 생각하는 '나라의 주
      인은 누구인가'를 볼 수 있어.

캐순   나라의 주인은 왕이 아니고, 인민이란 소리인가?

뭉술   왕은 단지 권력을 위임받은 자라는 거지. 그러면 맹자는 민
        주주의자가 되는데?

캐순   찬찬히 다시 보니까, 나라의 주인이 인민이란 소린 없어.
        인민이 아니란 소리도 없지만.

범식   그러면 누가 왕에게 그런 책임을 맡긴 거지?

뭉술   인민일 수도 있잖아.

범식   하늘일 수도 있어.

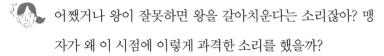 어쨌거나 왕이 잘못하면 왕을 갈아치운다는 소리잖아? 맹
        자가 왜 이 시점에 이렇게 과격한 소리를 했을까?

범식   앞에서 제나라 선왕이 '자기는 돈 모으는 것에 재미 들렸
        다', 또 '여자를 좋아하느라 천하 사람들로부터 존경받는
        왕이 될 수 없다'라고 했잖아? 그것에 대한 맹자의 일침이
        라고 생각해.

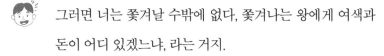 그러면 너는 쫓겨날 수밖에 없다, 쫓겨나는 왕에게 여색과
        돈이 어디 있겠느냐, 라는 거지.

캐순   맹자 배포가 대단하다. 왕 앞에서 그런 소릴 막 하다니!

범식   다산 정약용 선생은 그 이상이었어. 그는 탕론(湯論)에서
        이렇게 말했거든.

        "천자는 어떻게 해서 생겼나? 하늘에서 내려와 천자가 되었
        나? 땅에서 솟아나 천자가 되었나? 다섯 가구가 인인데, 다섯 가

구에서 추대되어 인장이 되었다. 다섯 인이 리인데, 다섯 리에
서 추대되어 이장이 되었다. …… 여러 현장이 추대한 사람이 제
후가 되었고, 여러 제후가 추대한 사람이 천자가 되었다. 천자는
여러 사람이 추대하여 된 것이다. …… 그러므로 아래가 위를 뽑
는 게 순리이고, 위가 아래를 임명하는 것은 순리에 어긋나는 것
이다"

어떻게 인재를 얻을까요?

나랏사람들이 모두 '어질다' 하면

맹자가 제나라 선왕을 뵙고 말했다.

"이른바 연조가 있는 나라[故國]란 그 나라에 큰 나무가 있는 것을 두고 하는 소리가 아닙니다. 그 나라를 대대로 지켜온 동량 같은 신하들이 버티고 있는 것을 두고 하는 소리이지요. 지금 임금님껜 친한 신하 하나 없습니다. 어제 임명한 신하가 오늘 도망치려 하는데도 모르고 계시니 말입니다."

왕이 말했다.

"내가 어떻게 처음부터 그런 사람의 인물됨을 알아차려서 아예 쓰지 않을 수 있단 말이오?"

뭉술   맹자가 계속 몰아붙이는데?

범식   왜 이 나라 신하 중엔 유서 깊은 집안 출신이 없냐는 거지.

캐순   유서 깊은 집안 출신을 찾는 건 맹자가 보수적이어서 그런
      것 아닌가?

범식   그게 아니고, 제나라 선왕이 신하를 너무 즉흥적으로 발탁
      하고 있다고 비판한 것 같아.

   고위 관료의 등용과 퇴진을 감정적으로 해선 안 되지.

캐순   이번에도 제나라 선왕은 자기가 잘못했다고 인정하지 않
      고 있어.

맹자가 말했다.

"임금님께서 현자를 조정에 나오게 하신다 해도 정말 마지못
한 듯이 해야 합니다. 지위가 낮은 자를 높은 자의 윗자리에 앉
히고, 임금과 소원한 사람을 임금과 가까운 사람보다 더 가까이
에 두는 일인데, 신중하지 않을 수 있겠습니까?

좌우의 신하들이 모두 어질다고 말하는 사람이라도 그를 쓰
시면 안 됩니다. 뭇 대부들이 모두 어질다고 말하는 사람이라도
그를 쓰시면 안 됩니다. 나랏사람들이 모두 어질다고 말하면 그
때 비로소 그를 살펴보아, 그의 어진 점을 보십시오. 그런 뒤에
그를 채용하십시오.

파면할 때도 마찬가지입니다. 좌우의 신하들이 모두 어떤 사
람을 두고서 내버려둬선 안 됩니다 해도, 듣지 마십시오. 뭇 대

부들이 모두 내버려둘 수 없습니다 해도, 듣지 마십시오. 나랏사람이 모두 그는 안 되겠다 하면, 그때 비로소 그를 살펴보아 그의 불가함을 보십시오. 그런 뒤에 그를 파면하십시오.

처형할 때도 마찬가지입니다. 좌우의 신하들 모두가 죽일 놈이라고 말해도, 듣지 마십시오. 여러 대부들이 죽일 놈이라고 해도, 듣지 마십시오. 나랏사람들이 모두 죽일 놈이라고 하면, 그때 비로소 그를 살펴보아 그에게서 죽여야 할 점을 보십시오. 그런 뒤에 그를 죽이십시오. 이렇게 하면 나랏사람들이 그를 죽였다고 할 것입니다. 이런 뒤에야 인민의 부모가 될 수 있는 것입니다."

범식   고위 관료를 등용하고 물리칠 때 나랏사람들의 말이 최종적인 근거라는 건데?

뭉술   최종적인 근거는 왕 자신이지.

범식   그렇지 않아! 나랏사람들이 어떤 사람을 등용해야 한다고 할 때, 왕은 왜 그러는지를 알아차리고 등용해야 한다는 거야. 왕에게 최종 결정권을 주고 있는 건 아니야.

뭉술   인민들이 어떤 사람을 원하는 이유를 알아야, 왕이 그 사람을 적절하게 쓸 수 있겠지.

 "왕이 인민의 말을 따른 뒤에야 인민의 부모 노릇을 한 것"

이란 소리는 모순 아니니?

범식   자식은 부모의 말을 따라야 한다는 관점에서 보면, 맹자의
소리는 틀림없이 모순이야.

뭉술   '자식을 따르는 부모'라, 당근 모순이지? 싫진 않지만~~.

캐순   맹자가 생각하는 부모 자식 간의 관계는 우리가 일반적으
로 생각하는 것과 달라서 그런 게 아닐까?

유가의 경전 중 하나인 『주역』 몽괘蒙卦엔 배움의 태도와
방식이 여섯 가지로 분류되어 나와 있는데, 그 중 '좋은[길
吉한] 경우'라며 알려주는 게 아주 인상적이에요. 왕과 어
버이가 스스로 자신을 "어린아이처럼 뭘 잘 모른다[童蒙]
라고 여기니, 좋은 일[吉]이 생길 것이다"라고 되어 있어요.

범식   부모가 오히려 자식에게 배우고, 왕이 신하에게 배워야 한
다는 건가요?

야옹샘   맞아요. 거기에 나온 또 다른 '좋은[길吉한] 경우'는 그 점
을 또렷이 밝혔어요. "자기는 어린아이와 같아서 뭘 잘 모
른다[童蒙]라고 여기는 왕과 어버이를, 신하나 자식이 잘
포용하고서 집안과 나라를 다스린다"라고 되어 있거든요.

뭉술   신하가 왕을 다스린다고요?

야옹샘   옙. 유학 정치의 중요한 시스템 중에 재상제와 경연이 있는
데, 이것들이 다 그 경우에 해당한다고 할 수 있어요.

범식   신하가 왕을 잘 포용하고서 나라를 다스리는 걸《주역》이
            말하고 있다는 건데~~.

캐순   임금과 인민의 관계가 이러해야 한다는 걸 제나라 선왕이
            받아들일까?

신하가 자기 왕을 죽여도 되나요?

잔혹한 도둑놈, '한 놈'을 죽였다는 소리는 들어봄

제나라 선왕이 물었다. "은나라 탕왕이 하나라 걸桀왕을 내쫓고, 주나라 무왕이 은나라 주紂왕을 쳐 죽였다던데, 그런 일이 있었습니까?"

맹자가 대답했다. "전해 오는 문헌에 그렇게 되어 있습니다."*

캐순   샘! 탕·걸·무왕·주에 대해 얘기해 주세요.

야옹샘 탕과 무왕은 공자·맹자가 건듯하면 드는 이상적인 '성군
       [先王]'이고, 걸과 주는 폭군의 본보기(?)예요. 그런데 탕은
       하나라 왕인 걸의 신하였고, 무왕은 은나라 왕인 주의 신하
       였어요.

---

* '전해 오는 문헌'이란 『서경』을 말하고, 〈중훼지고仲虺之誥〉에 "성탕이 걸왕을 남소南巢
로 추방했다"라는 기록이 있다.

양혜왕・하   177

캐순 그렇다면 자기 왕을 죽이고, 자기가 그 자리에 오른 사람들을 공자·맹자가 높이 쳤다는 소리잖아?

뭉술 유학은 임금에게 충성을 요구하는데, 어떻게 자기 왕을 몰아낸 은나라 탕왕과 주나라 무왕을 성군으로 섬길 수 있지?

캐순 지금껏 밀렸던 제나라 선왕이 이 한 방으로 맹자를 넉다운 시켜버린 건가?

제나라 선왕이 말했다.

"신하된 자가 자기 임금을 시해해도 괜찮은가요?"

맹자가 말했다.

"인仁을 해치는 자를 도적놈이라 하고, 의義를 해치는 자를 잔혹한 놈이라 합니다. 잔혹한 도적은 '한 놈'이라 말하지 임금이라 말하지 않습니다. 저는 무왕이 주紂라는 한 놈을 죽였다는 소리는 들어봤어도, 임금을 시해했다는 소리는 들어본 적이 없습니다."

 쎈데, 맹자!

캐순 독재자는 비록 왕의 자리에 있더라도 이미 왕이 아니라는 거잖아?

범식 앞에서도 그랬어. "한 나라가 제대로 다스려지지 않으면 왕을 그 자리에서 내려오도록 하는 게 옳다"라고.

캐순 한 나라의 지도자가 받들어야 할 게 '인애仁愛'와 '정의'인데, 외려 그것을 해치고 있다면 그런 자는 쫓아내야 하는 게 맞지.

범식 이게 바로 역성혁명, 그러니까 왕조 교체가 정당하다는 근거구나!

뭉술 고려에서 조선으로 넘어간 게 역성혁명이잖아? 정도전, 조준 등 신진 유학자들이 그것을 해냈지.

맹자가 꿈꾸었던 나라를 실제로 이루려고 했던 조선에 들어와서도 왕조 교체까진 아니었지만, 폭군을 갈아치운 일이 있었어. 연산군·광해군이 그들이야.

뭉술 광해군에 대해선 요즘 폭군이 아니었다는 소리가 나오고 있던데?

캐순 명나라와 청나라 교체기에 줄타기 외교를 잘 한 왕이라고 하지.

야옹샘 요즘에도 그가 외교를 잘 했다고는 하지만, 내치를 잘 했다는 소리는 별로 없어요.

캐순 임진왜란 때는 명민하고 인자한 세자였잖아요?

야옹샘 맞아요. 하지만 실제로 왕이 되어서는 궁궐 짓는 데에 너무도 많은 힘을 기울였고 심지어는 경복궁의 10배나 되는 토목공사를 벌였어요. 조선은 임진왜란을 치르면서 여러모로 피폐해졌는데, 그나마 남아 있던 물자를 궁궐 짓는 데다 쓴 거죠.

범식 게다가 동생을 죽이고 어머니를 쫓아내는 반인륜적인 일까지 저질렀고요.

뭉술 조선에서 그 정도로 인륜을 어긴 것은, 요즘으로 치면 무엇을 어긴 것에 해당할까?

범식 헌법, 그 중에서도 "대한민국은 민주공화국이다"라는 국시를 어긴 거라고 봐야 하지 않을까?

캐순 어머니를 쫓아낸다는 게 이상하긴 해. '어머니라는 자리'에서 몰아낸다는 건 성립 자체가 안 되니까! 아내가 남편을, 남편이 아내를 쫓아낼 순 있겠지만.

그 일이 있은 뒤, 이항복·이원익 등 쟁쟁한 신하들이 등을 돌렸어요. 뿐만 아니라, 광해군은 조선의 중요한 정치 시스템인 경연을 완전히 무력화했어요. 그 빈자리를 임금에게 총애받는 여자가 채웠고요. 즉 사사로이 정치에 관여하는 베갯머리송사가 이루어진 거지요. 또한 다른 정파를 다 몰아내고 한 정파(대북파)만의 정권을 세운 것도 광해군이 시초였어요.

범식 그래도 광해군이 대동법을 처음 실시한 왕이잖아요.

대동법은 선조 때부터 여러 학자들의 입에 오르내렸어요. 그러다가 광해군 초기에 대동법을 실시했죠. 하지만 광해군은 대동법을 탐탁지 않게 여겼어요. 오항녕 교수에 따르면, 영창대군을 죽이느라 일으켰던 "계축옥사는 대동법을 반대하던 세력이 찬성하던 세력을 몰아낸 형국이 되었다. …… 대동법의 좌절에는 광해군 대 내내 지속된 토목공사가 한 몫을 톡톡히 했다. 물자와 인력이 대대적으로 동원되는 궁궐공사가 진행되는 과정에서 조세제도를 개혁한다는 것은 한계가 있었다."*고 해요. 결국 대동법은 물 건너갔죠.

뭉술 그렇지만 광해군을 몰아낸 건 그가 중립외교를 표방했기 때문이잖아요.

야옹샘 그것만을 인조반정의 명분으로 내세운 건 아니에요. 앞에서 말한 것 전부가 광해군을 몰아낸 이유였어요. 물론 청나라로 기운 광해군의 외교도 중요한 이유이기는 해요. 광해군을 몰아낸 뒤, 조선 조정이 바로 한 게 무엇인지를 알면 샘의 말이 이해가 될 거예요.

"인조반정 직후, 궁궐 공사를 즉시 중단했다. 그리고 궁

* 오항녕 지음,《광해군, 그 위험한 거울》, 너머북스, 2012, 168쪽.

궐을 짓기 위해 설치했던 영건도감을 비롯하여 나례도감 등 12개의 난립했던 도감(감독관청)도 폐지했다. 백성들의 고혈을 짜던 조도성책(특별세금 징수문서)을 소각하는 한편 민간에 부과되었던 쌀과 포를 탕감해주었다. 인조 즉위 후 삭감한 양이 원곡 11만 석이었다. 당시 호조에서 거두던 1년 세금이었다. 삭감하지 않으면 백성들이 살 수가 없었기 때문이다. '반정'은 말 그대로 인민들이 '정상적인 생활로 돌아가는' 과정이었다."

　그런데 조선 시대에 궁궐을 짓다 쫓겨난 사람이 또 있죠?

캐순　대원군이 경복궁을 중건하다 인민들의 원성을 사서 결국 정권을 내놓게 되었지.

범식　연산군·광해군에서 보듯 민생을 망친 폭군은 몰아내야 한다는 게 조선의 이념인 거네.

　그때 왜 왕조가 안 바뀌었지?

야옹샘　중요한 걸 물었어요. 왕을 몰아낸 사람이 왕이 되지 않은 것 역시 조선의 특성이라 할 수 있어요. 폭군이어서 쫓아내긴 했지만, 쫓아낸 사람이 그만한 덕성이 있는가는 다른 문

* 　오항녕 지음, 《광해군, 그 위험한 거울》, 너머북스, 2012, 361쪽.

제죠. 덕성이 없으면서도 자기가 왕이 되겠다고 하면 주변에서 호응을 하지 않아요. 그래서 왕을 교체하는 선에서 머문 거예요. (인조는 처음부터 반정에 개입했기에 주도 세력이라고도 할 수 있다.) 탕과 무왕이 그들의 왕을 몰아내기 전에 뭇 사람들로부터 전폭적인 지지를 받고 있었다는 점에서, 조선에서 왕을 몰아냈던 사람들과는 달랐어요.

뭉술 그러면 왕에게 무조건 복종하는 충忠은 어떻게 이해해야 하죠?

야옹샘 조선의 선비들은 왕을 가르쳐야 한다고 생각했어요. 그래서 경연을 두었던 거예요. 가르치는 게 충이에요. 논어에 아주 또렷이 나와 있어요. "공자가 말했다. 아낀다면 그를 위해 수고를 하지 않을 수 있겠는가? 충忠하면 그를 가르치지 않을 수 있겠는가?"[*] 조선에 무조건 복종하는 따위는 없었어요. 무조건 복종은 일본 군국주의에서나 가능한 소리죠.

충신이란 임금에게 복종하는 신하가 아니라, 임금의 잘못을 목숨 바쳐 지적하거나 전쟁에서 목숨 바쳐 싸우는 사람을 말하는 거니까!

---

[*] 《논어》〈헌문〉 8장. "子曰, 愛之, 能勿勞乎? 忠焉, 能勿誨乎?"

캐순	윗사람이 명령하면 아랫사람은 복종한다는 상명하복도 조선엔 없었겠는데?

조광조가 요즘으로 치면 검찰이 되어서 한 첫 일이, 직속상관인 검찰총장과 감사원장의 파면을 대통령에게 요청해서 관철한 일이었어요. 상명하복은 조선에선 딱 한 군데를 빼곤 있을 수 없죠. 그것은 군대에서나 필요한 거예요.

범식	조광조에게 탄핵받았던 사람들이 엄청난 비리를 저질렀나요?

야옹샘	요즘으로 치면 잘못에 들어가지도 않아요. 해야 할 일에 게을렀다는 것 때문에 검찰총장, 감사원장이 말단 부하에게 고발된 사건이에요.

캐순	그게 조선의 도덕성이었구나!

뭉술	맹자를 공부한 조선의 관료들이니까!

여태 배운 걸 버리고, 내 말만 따르라

옥을 다루는 장인에게 옥 다듬는 법을 가르치려고요?

맹자가 제나라 선왕에게 말했다.

"임금님께서 큰 궁궐을 지으려면 반드시 도목수에게 큰 재목을 구해오도록 할 것입니다. 도목수가 마침내 큰 재목을 구해오면 임금님은 이만하면 궁궐을 짓기에 넉넉하겠구나 하시며 기뻐하시겠지요. 그런데 목수가 그것을 다듬다가 조그맣게 만들어놓으면 화가 나실 것입니다. 그것으로는 큰 궁궐을 지을 수 없겠다는 생각 때문이지요.

사람이 어려서부터 공부하는 까닭은 어른이 되어 자기가 배운 것을 세상에 펼치려는 뜻에서 그리합니다. 그런데 임금님께서 '네가 여태까지 배운 것은 내버리고 내 말을 따르라'라고 말한다면, 그것은 큰 재목을 깎아 작은 목재로 만들어버리는 것과 무엇이 다르겠습니까?

여기에 다듬지 않은 옥돌이 있다고 치지요. 그것이 비록 수십만 냥의 값어치가 있더라도 임금님께서는 반드시 그것을 옥을 다루는 장인에게 맡겨 갈고 다듬게 하실 겁니다.

그런데 나라를 다스리시는 일에 있어서는, '네가 여태까지 배운 깃은 내버리고 내 말을 따르라'라고 말한다면, 그것은 옥을 다루는 장인에게 옥을 갈고 다듬는 법을 가르치려는 것과 무엇이 다르겠습니까?

캐순   신하는 왕이 원하는 대로만 해줘서는 안 된다고, 맹자가 또 말했어.

범식   신하는 자기가 배운 바에 따라서 일을 해야 한다는 거지. 왕의 말에 따라서 일하는 것은, 큰 기둥으로 쓸 나무를 다 깎아 내버리고 조그만 서까래로 쓰는 격이라는 맹자의 비유가 놀랍다.

캐순   '왕이 조각가를 가르쳐서 조각하게 한다'는 비유는 또 어떻고.

뭉술   그럼, 왕이 해야 할 일은 뭐지?

캐순   뛰어난 조각가를 발탁해서 그로 하여금 편히 조각하게 하는 거지.

야옹샘   그게 바로 정도전이 조선에 심었던 '재상제'랍니다.

범식   태종이 '6조직계제'로 바꿨잖아요?

뭉술   6조 직계제가 뭐였지?

범식   재상제는 '왕 – 의정부의 재상 – 6조 판서'의 세 단계로 이어지기에 의정부의 권한이 막강하지. 반면에 6조직계제는 판서들이 재상을 건너뛰고 직접 왕에게 보고하니까, 의정부의 권한이 말이 아니게 되지.

뭉술   정도전의 '재상제'를 무력화시키는 것이네.

범식   맞아. 하지만 세종 때 다시 재상중심제로 바꾸었어.

캐순   세조가 다시 6조직계세로 돌려놓지 않았니?

범식   맞아. 하지만 성종 때 다시 재상중심제로 바뀌었어.

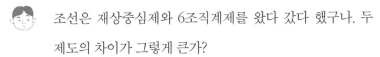 조선은 재상중심제와 6조직계제를 왔다 갔다 했구나. 두 제도의 차이가 그렇게 큰가?

캐순   행정의 중심이 재상인가, 왕인가의 문제이니까 둘의 차이는 크겠지. 조선은 그 뒤로도 두 제도를 왔다리 갔다리 했나?

야옹샘 그 뒤로 조선은 '기본적으로' 재상 중심 정치를 했어요. 성종 때 조선 정치의 잣대가 된《경국대전》이 완성되었는데, 거기에 '재상제'로 못 박았거든요. 즉 최고 합의 기구인 의정부가 모든 국가의 업무를 결정하고, 6조는 이를 시행하는 것으로 합의한 거죠.

그럼 왕이 조각가에게 이래라 저래라 해서는 안 된다는 맹자의 사상이, 결국은 조선의 정치 제도로 자리잡은 셈이네!

뭉술 정도전을 포함해, 여러 선비들의 오랜 노력에 힘입어서 그렇게 된 거지.

야옹샘 조선의 정치 기구에서 왕 – 의정부 – 6조 판서도 중요했지만, 그것 말고도 언론 기관(홍문관, 사간원, 사헌부)도 아주 중요한 축을 이루고 있었어요. 이 네 기관의 협력과 견제에 의해 조선 정치가 이루어졌죠. 그 관계에 주목하면서 조선의 정치가 어떻게 흘러갔는가를 살펴보세요.

연나라를 병합할까요?

연나라 인민들이 기뻐한다면야

제나라가 연燕나라를 쳐서 이겼다. 제나라 선왕이 맹자에게 물었다.

"어떤 사람들은 과인에게 연나라를 병합하지 말라고 하고, 어떤 사람들은 병합하라고 합니다. 돌이켜보건대, 제나라나 연나라나 전차 만 대를 가진 나라입니다. 비슷한 국력의 나라끼리 싸워 불과 50일 만에 공략했으니, 인간의 힘만으로는 이럴 수 없는 일이지요. 병합하지 않는다면 반드시 하늘에서 재앙이 내릴 듯합니다. 연나라를 병합하는 게 어떻겠습니까?"

캐순   제나라 선왕은 제나라가 연나라를 이긴 걸 하늘이 도왔기 때문이라고 여기나 본데?

범식   땅 크기가 비등한 나라끼리 전쟁을 해서 50일 만에 끝이 났으니 그럴 만도 하지.

캐순 하늘의 재앙을 피하기 위해서라도 연나라를 제나라에 복
      속시키겠다는 건데?

 침략자치고 뻔뻔하지 않은 놈이 없지.

범식 조선을 침략할 때 일본인도 그랬지!

뭉술 지금도 마찬가지야.

맹자가 대답했다.

"연나라를 병합해서 당사자인 연나라의 인민들이 기뻐한다면
병합하십시오. 옛 사람 중에도 그렇게 했던 분이 있는데, 주나라
무왕武王이 그 분입니다. 하지만 연나라를 병합하는 것을 연나라
인민들이 기뻐하지 않는다면 병합하지 마십시오. 옛 사람 중에도
그렇게 했던 분이 있는데, 주나라 문왕이 그 분입니다.

　전차 만 대를 가진 제나라가 똑같이 전차 만 대를 가진 연나라
를 쳤을 때, 연나라 인민들이 바구니에 밥을 담고 호로병에 마실
것을 담아 제나라 군대를 환영한다면, 뭣 때문에 그러겠습니까?
물구덩이·불구덩이에서 벗어날 기회구나 하는 생각이 들어서 그
럴 것입니다. 그런데 제나라가 연나라를 점령한 뒤, 그 정책이 물
구덩이를 더 깊게 파고 불구덩이를 더 키우는 것이라면, 연나라
인민의 마음은 제나라에서 떠나버릴 것입니다.

캐순   맹자는 그 잣대가 하늘이 아니라 인민이라는데?

뭉술   민심이 천심이라는 거지?

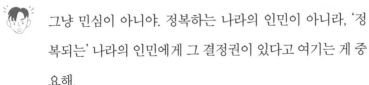 그냥 민심이 아니야. 정복하는 나라의 인민이 아니라, '정복되는' 나라의 인민에게 그 결정권이 있다고 여기는 게 중요해.

뭉술   허걱. 그렇게까지!

범식   맹자가 역사적인 예까지 들어 주고 있잖아. 저쪽 나라의 인민이 바라지 않아서 문왕은 복속하지 않고 내버려두었다고.

캐순   그 인민들이 문왕의 아들 무왕 때는 정복해 달라고 간절히 원해서 정복한 거고.

뭉술   제나라는 어떻게 했을까?

주변 제후들이 과인을 치려하오

불구덩이에서 건져줄 줄 알았는데, 죽이고 훔치고서는

제나라 선왕은 연燕나라를 병합했다. 그러자 주변이 제후들이 연합해 언나라를 구해주려고 했다. 제나라 선왕은 겁이 나 맹자에게 물었다.

"많은 제후들이 모여 과인을 치려고 논의하는데, 어떻게 해야겠습니까?"

맹자가 대답했다.

"사방 70리밖에 안 되는 땅으로 시작해서도 천하에 왕노릇 한 분이 있는데 탕왕湯王이 바로 그 분입니다. 그런데 사방 천리나 되는 군주가 다른 나라를 무서워했다는 소리는 여태 들어본 적이 없습니다.

『서경書經』에 다음과 같은 말이 있습니다.

[갈葛 땅의 우두머리는 정말 나쁜 군주여서] 탕임금께서 갈葛나라부터 정벌하셨다. 그래서 천하 사람들 모두 그의 정벌을 신뢰했다. 동쪽으로 가 정벌하면 서쪽 오랑캐가 원망하고, 남쪽으로 가 정벌하면 북쪽 오랑캐가 원망하면서 말했다. '어찌하여 우리 쪽 정벌을 뒤로 미루셨는가?'

[갈 나라를 포함해서] 다른 나라 인민들이, 은나라 탕왕의 군

대를 마치 큰 가뭄에 비구름을 기다리듯 한 것이지요. 그래서 탕임금의 군대가 자기 나라에 들어왔는데도 [신경도 쓰지 않고], 시장에 가던 사람은 그대로 시장엘 갔고, 밭 갈던 사람은 그대로 밭을 갈았던 겁니다. 그들의 포학한 군주를 탕왕이 죽이고 그 인민들을 위로하니, 기다리던 비가 내린 것 마냥 그들은 기뻐했습니다. 『서경』에 또 쓰여 있습니다. '진정한 우리 임금, 탕임금을 기다리네. 이분이 오시면 우리는 살아나도다!'"

캐순   지금 문제는 제나라 주변에 있는 나라들이 연합해서 제나라를 치려고 하는 거야. 그런데 맹자는 피정복지의 인민들이 어떻게 생각하는가를 들고 나왔어.

범식   왕 노릇하는 것은 땅 크기가 아니고, 천하 인민들의 지지 여부라는 걸 확실히 알려준 거지. 그러면서 제나라 선왕에게 천하의 인민들이 당신을 지지하느냐고 묻고 있는 거지.

캐순   사실 천하의 인민들이 제나라 선왕을 그들의 왕으로 모시고 싶어 한다면, 제후들이 연합한들 무슨 의미가 있겠어?

뭉술   한 나라가 아무리 뭉쳤기로서니, 어떻게 주변의 모든 나라가 연합한 군대를 깨뜨릴 수 있지?

       한 나라가 아니라, 천하의 모든 인민들의 마음이 어진 왕에게로 쏠린 거야. 그래서 다른 나라는 병졸은 없고, 장군만 있는 군대들이 연합한 꼴새가 되어버리지.

범식   그 정도가 아니야. 자기 병사들의 마음조차도 온통 대적하
       는 나라의 임금을 흠모하고 있어. 그런 병사를 내몰아 전쟁
       하는 꼴이야.

뭉술   사기 병사조차 적군인 셈이네, 그러면!

"연나라가 그들의 인민을 학대하자, 왕이 쳐들어가서 연나라를
정벌했습니다. 이때 연나라 사람들은 제나라가 자기들을 물구덩
이·불구덩이에서 건져줄 거라 믿고, 먹고 마실 것을 들고 나와

물구덩이

불구덩이

왕의 군대를 환영했습니다.

그런데 왕의 군대는 연나라의 어른들은 죽이고 젊은이들은 잡아들였으며, 그 종묘는 허물고 그 나라의 보물은 제나라로 가져왔습니다. 왕의 군대를 기다린 보람이 있겠습니까?

그렇지 않아도 천하의 제후들은 제나라의 강성을 두려워했습니다. 그런데 지금 제나라가 영토를 두 배로 늘이고 '어진 정치'도 하지 않는다면, 이것은 천하의 군대를 제나라로 출동시키는 꼴입니다. 왕께서는 빨리 명령을 내려 포로로 잡은 어른들과 아이들은 돌려보내고, 연나라의 보물은 제자리에 갖다 놓게 하십시오. 그런 다음 연나라의 인민들과 논의해 그들의 군주를 뽑아세우고 군대를 빼소서. 그러면 아직은 천하의 군대가 출동하는 것을 멈추게 할 수 있을 것입니다. "

뭉술   제나라 선왕이 잘못했네. 연나라 인민들의 이익을 해치고
        그들의 바람을 무참히 짓밟은 거잖아?

캐순   이번에는 맹자의 말을 들을까?

범식   피정복민이 들고 일어났고, 또 주변 나라들이 연합해 제나
        라를 치겠다는데 제나라 선왕인들 별 수 있겠어?

캐순   샘! 실제로 역사는 어떻게 되었어요?

야옹샘   제나라가 연나라에서 물러날 수밖에 없었어요.

윗사람들에게 되갚은 것

추鄒나라와 노魯나라 사이에 싸움이 벌어졌다. 추나라 목공이
맹자에게 물었다.

"이 싸움에서 내가 데리고 있던 군대 고관 중 서른셋이 죽었는
데, 졸병으로 나간 인민들은 죽은 자가 한 명도 없습니다. 그들
을 처형하자 해도 다 처형할 수 없고, 처형하지 않자니 상관이 죽
어가는 꼴을 보고서도 내버려둔 짓거리를 도저히 참을 수 없습
니다. 어떻게 하면 좋겠습니까?"

맹자가 대답했다.

"흉년이 들어 인민들이 먹을 게 없던 때를 떠올려보시기 바랍
니다. 임금님의 인민 중 늙은이와 어린이는 도랑에 처박히고, 장
성한 자들은 사방으로 뿔뿔이 흩어졌습니다. 수천이나 되었지
요. 그때 임금님의 창고에는 곡식이 가득 차있고 재물창고에는

재물이 가득 차있었습니다. 그런데도 고관이란 자들 중에 그런 정황을 제대로 아뢰는 자가 단 한 명도 없었습니다. 이는 위에 있는 자들이 직무를 제대로 수행하지 않아 아래 사람을 잔혹하게 해친 것입니다.

일찍이 증자께서 말씀하셨지요.

'조심하고 또 조심하라! 네게서 나온 것은 반드시 네게로 돌아간다!'

오늘 비로소 인민들이 윗사람들에게 되갚아 준 것입니다. 임금님께서는 인민들을 허물치 마소서! 임금님께서 인정仁政을 실행하시면 인민들이 윗사람과 가까워지고, 그러면 인민들은 윗사람들을 위해 죽음을 무릅쓸 것입니다."

범식　맹자가 추나라로 갔을 때의 일이구나.

뭉술　맹자, 찬바람이 쌩쌩 부는데!

캐순　정부가 인민들에게 해준 대로, 인민들이 정부에 되돌려주는 게 당연하다! 당연한 거 아닌가?

　　　유학에 대해 내가 알고 있었던 기존의 생각은 잘못 입력된 것이라는 느낌이 점점 더 든다.

캐순　임금에게, 심지어는 나라에도 무조건적으로 충성하라고 하지 않고 있으니까.

뭉술   지킬 가치가 있는 나라만 지킨다는 거잖아?

캐순   공자·맹자라면 대한민국을 어떤 나라라고 여겼을까?

제나라를 섬길까요, 초나라를 섬길까요?

인민들과 더불어 성을 지키시오

등문공이 물었다.

"우리 등나라는 너무도 작은 나라인 데다, 큰 나라인 제나라와 초나라 사이에 끼어 있습니다. 제나라를 섬겨야 할까요? 초나라를 섬겨야 할까요?"

맹자가 대답했다.

"이런 책략의 문제에 대해서는 제가 뭐라고 말씀드릴 수 없습니다. 하지만 한 가지가 있기는 합니다. 해자를 깊이 파고, 성을 높이 쌓아, 인민들과 더불어 성을 지키십시오. 그때 인민들이 죽더라도 왕의 곁을 떠나려고 하지 않는다면, 그것만은 해볼 수 있습니다."

뭉술   이것도 계책이라고 할 수 있나?

범식   맹자의 말을 듣고 등문공이 답답하다는 생각을 했을 것
      같다.

캐순   초나라를 섬기는 게 더 나은지 제나라를 섬기는 게 더 나은
      지에 대해, 맹자는 왜 자기가 알 바가 아니라고 했을까?

뭉술   어느 쪽을 섬겨도 등나라처럼 조그만 나라는 결국 큰 나라
      에게 먹힐 테니까.

범식   지금 어느 쪽을 섬기냐 하는 문제는 임시방편이라는 게 아
      닐까?

       그렇다고, "인민들이 죽더라도 왕의 곁을 떠나려고 하지
       않는다면, 그것만은 해볼 수 있습니다."라고 말하는 건 너
       무 관념적이야.

캐순   관념적이지 않다는 것을, 월맹군이 미군을 이긴 경우에서
      확인했잖아?

야옹샘 고대 그리스 연합군이 엄청난 대국 페르시아를 이긴 것도
       그런 사례라 할 수 있죠. 테르모필라이 전투 중 한 곳에서
       일어난 일인데요, 헤로도토스가 쓴 《역사》 7권에 나와 있
       어요.

뭉술   이기지는 못했지만, 스파르타 군 300명이 페르시아 군 수
      십만 명을 막았지. 영화 〈300, 제국의 부활〉에서 봤어.

범식   그게 가능한가?

뭉술 　페르시아 군이 지날 수 있는 길은 좁은 계곡뿐이었어. 스파
　　　르타군은 몇 명이 번갈아가면서 그 길에 떡 버티고 서서 페
　　　르시아 군과 백병전을 했지. 지치면 뒤에 있던 전사가 앞으
　　　로 나와 바톤 터치를 하고. 이러니 페르시아는 수십만의 군
　　　대로도 300명이 막는 길을 뚫지 못했어. 그러다가 우회로
　　　가 있다는 것을 알아내 앞·뒤로 협공한 뒤에야 겨우 길을
　　　뚫었어. 이때 300명의 스파르타 군은 단 한 명도 항복하지
　　　않고 그 자리에서 싸우다 다 죽고.

 이 전투를 기념하기 위해 그리스 연합군은 나중에 그곳에
　　　묘비를 세우고 글을 새겼어요.

　　　“이곳에서, 펠레폰네소스에서 온 4천 명(테르모필라이 전투
　　　에 참가한 그리스 연합군의 총 인원)이 3백만의 페르시아 군과
　　　맞섰노라.”

　　　“지나가는 나그네여! 가서 스파르타인들에게 전해 주
　　　시오.
　　　우리는 우리들의 법을 이행하고 이곳에 누워 있다고.”

뭉술 　뭉클한데!

캐순 　그리스인들은 어떻게 그렇게 용감할 수 있었죠?

아옹샘 　페르시아 ‘장군’이 스파르타인에게 항복을 권유했을 때, 스
　　　파르타인이 대답한 게 그것을 잘 말해줄 거예요. 역시《역

사》 7권에 나오는 말이에요.

"그대는 노예가 된다는 것이 어떤 것인지는 알아도, 자유
가 무엇인지는 경험해 본 적이 없어서 그것이 얼마나 달콤
한지를 모르오. 그대가 자유를 경험한 적이 있었다면, 우리
에게 창뿐이 아니라 도끼라도 들고 나와 자유를 위해 싸우
라고 오히려 우리를 부추겼을 것이오."

뭉술　페르시아인은 장군조차도 자유인이 아니라는 거잖아?

　그때 그리스인은 노예가 아닌 자유인으로 살 수 있게 해주
는 나라, 그런 행복과 존엄을 보장해주는 나라를 지키기 위
해 목숨을 바친 거였구나.

캐순　반드시 지켜야 할 나라라고 인민들이 여기는 나라는 그 어
떤 대국도 함부로 할 수 없다는 예시로 딱 들어맞네.

야옹샘　신라의 꼴꼴한 스님이었던 월명사도 경덕왕에게 맹자와
비슷한 소리를 했어요.

"이 땅을 버리고 어디 가려! (라고 인민들이) 할지면
　나라 안이 유지됨을 알리이다."*

---

*　월명사 지음, 《삼국유사》, 안민가 중에서.

제나라가 코앞에서 성을 쌓고 있어요

천명을 믿고 선정을 펴는 데 온 힘을 쓸 뿐

등문공이 물었다.

"큰 나라인 제나라가 우리나라와 맞닿아 있는 설薛 땅에다가 성을 쌓고 있습니다. 저는 무척 두렵습니다. 어찌해야 할까요?"

맹자가 대답했다.

"옛날에 고공단보 태왕께서 빈邠 땅에 터를 두고 있을 때의 일입니다. 북쪽의 적인狄人들이 쳐들어와 못살게 굴자, 태왕은 기산岐山 아래로 터를 옮겼습니다. 기산이 좋아서 그리한 것이 아닙니다. 부득이해서 그랬던 거지요. 그렇게 본거지에서 쫓겨난 신세라 할지라도 선정을 펴기만 하면, 반드시 후세 자손 가운데 '천하에 진정으로 왕 노릇 하는[王天下] 자'가 나오는 법이지요.

군자는 창업하고 그것을 남겨서, 자손들이 그 업을 계승할 수 있도록 합니다. 이것이 열매를 맺을 수 있는가는 천명天命에 달려

있습니다. 제나라 사람들이 저렇게 하는 것을 임금님께서 어떻게
막을 수 있겠습니까. 천명을 믿고 선정을 펴는 데 온 힘을 쏟을
뿐입니다.”

캐순   그새 등나라 상황이 더 나빠졌는데?

범식   정치를 잘해서, 인민들이 반드시 지켜야 할 나라라는 생각
        을 갖게 할 시간조차 없게 된 거지.

뭉술   망명 정부를 만들라는 소린데!

        그때라도 “선정善政을 펴면 후손 중에 반드시 ‘천하에 진정
        으로 왕 노릇 하는 자’가 나올 것”이라는 소리는 역사를 믿
        으라는 건가?

캐순   역사의 바탕인 인민을 믿으라는 거지.

뭉술   샘! 태왕은 누구죠?

야옹샘   앞에서 문왕이 나왔죠? 그 왕의 할아버지예요.

캐순   그럼 맹자의 말은 역사적인 사실을 든 거네.

범식   문왕의 아들인 무왕, 그러니까 태왕의 증손이 ‘천하에 진정
        으로 왕 노릇 하는 자’가 되어 주나라 천하를 만들었으니까
        그런 셈이지.

뭉술   하지만 역사는 역사고, 지금 당장 나를 짓누르는 적군의 군
        사력은 군사력이지.

큰 나라의 압박에 벗어날 수 없어요?

땅을 지키려고 사람을 해하진 마시오

등문공이 물었다.

"등나라는 너무도 작은 나라입니다. 있는 힘껏 큰 나라를 섬겨도 그들의 압박에서 벗어날 수 없습니다. 어떻게 해야 하겠습니까?"

맹자가 대답했다.

"옛날에 고공단보 태왕께서 빈邠 땅에 터를 두고 있을 때, 북쪽의 적인狄人들이 쳐들어와 못살게 굴자, 태왕은 모피와 비단을 바치며 그들을 섬겼지만 침략당하기는 마찬가지였습니다. 개와 말을 바쳐 섬겼지만 침략당하기는 역시 마찬가지였고, 구슬과 옥을 바쳤지만 침략당하기는 매한가지였습니다.

그래서 빈 땅의 원로들을 소집해 말했습니다. '결국 그들이 원하는 것은 땅입니다. 군자는 사람을 양육하는 수단인 땅을 지키기 위해 사람을 해치지 않는다고 나는 들었습니다. 여러분, 임금이 없는 게 어찌 걱정거리겠습니까? 내가 떠나야 할 듯합니다.'

그러고는 빈 땅을 떠나 양산梁山을 넘어 기산岐山 아래에 새 도읍지를 세웠습니다. 그러자 빈 땅 사람들이, '태왕은 진실로 어진 분이다. 놓쳐서는 안 된다' 하고 그를 뒤따르는데, 시장으로 모여드는 것 같았습니다.

　이 문제에 대해 다르게 말하는 사람도 있습니다. '나라라는 것은 대대로 지켜온 것이니 한 사람이 맘대로 할 수 있는 것이 아니다. 죽더라도 그곳을 떠나서는 안 된다'라는 것이지요. 임금님께서는 이 두 길 중에서 하나를 고르십시오."

범식　앞에서 맹자가 태왕·문왕·무왕의 역사적인 사실을 들려줬는데도, 등문공은 큰 나라를 섬기는 걸 통해 등나라를 유지하려 했나 본데?

캐순　그런 등문공에게 "군자는 사람을 기르는 것(땅)을 가지고 사람을 해치는 것이 아니다"라고 말하며, 지금 있던 땅을 침략자에게 내주고 후미진 곳에 가서 선정을 베풀며 다시 시작했던 태왕의 경우를 다시 들려줬어.

뭉술　그게 싫으면, 그 자리를 지키고 있다가 장렬히 죽을 수밖에 없다는 소리와 함께.

　　　대국을 섬기는 것만으로는 나라를 유지할 수 없다는 걸 다시 밝힌 거지.

범식　앞에서 맹자는 이웃 나라와 교제하는 원칙에 대해 '작은 나라가 큰 나라를 섬기는 게 지혜로운 것'이라고 했잖아?

뭉술　큰 나라가 작은 나라를 삼키겠다는 데야 싸울 수밖에 없잖아?

캐순　싸우는 것은 인민들인데 인민들이 죽기 살기로 싸울 상황
　　　이 아니라면, 다른 곳으로 옮겨가서 선정을 베풀며 훗날을
　　　도모하는 게 옳지 않을까?

　　　중국은 넓어서 좋겠다. 도망가서 훗날을 도모해 볼 땅이라
　　　도 있어서.

뭉술　우리에겐 율도국이 있잖아!

캐순　율도국이라~~

아버지보다 어머니의 장례를 화려하게 했잖소

가는 것도 가게 만드는 것이 있으니

　노평공이 외출을 준비시키고 있는데, 그가 총애하고 있던 장
창臧倉이라는 신하가 간청했다.

　"다른 날에는 임금님께서 외출을 하시려면 반드시 담당 관리
인 저에게 가실 곳을 미리 말씀하셨습니다. 지금 임금님의 수레
에 말까지 매어져 있는데도 임금님께서 가시는 곳을 담당 관리
가 알지 못합니다. 알려주시길 바랍니다."

　노평공이 말했다.

　"맹자를 만나러 가오."

　장창이 말했다.

　"무슨 말씀이십니까? 임금님께서 몸을 낮추어, 평민을 먼저
찾아가시다니요? 그가 현자라고 생각해서입니까? 예의禮義는 현
자에게서 나온다 하였습니다. 그런데 맹자는 먼저 치룬 아버지

장례보다 나중에 치룬 어머니 장례를 훨씬 성대히 하였으니, 예의를 모르는 사람입니다. 그를 만나지 마십시오!"

노평공은 말했다.

"그렇군!"

맹자의 제자인 악정자가 대궐에 들어가 노평공을 뵙고 물었다.

"임금님께선 어찌하여 맹가孟軻(맹자의 이름이 '가'다)를 만나지 않으십니까?"

노평공이 말했다.

"맹자는 먼저 치룬 아버지 장례보다, 나중에 치룬 어머니 장례를 훨씬 성대히 했다더군요. 그렇게 예를 어겼다고 과인에게 알려준 사람이 있었소. 내가 보러 가지 않은 까닭이오."

악정자가 말했다.

"무슨 말씀이십니까? 임금님께서 예를 어겼다고 말씀하시는 것은? 아버지 장례는 사士의 예로써 하고, 어머니의 장례는 대부大夫의 예로써 한 것 때문입니까? 아버지 장례엔 삼정三鼎의 제물 (돼지·생선·육포)을 쓰고, 어머니의 장례엔 오정五鼎의 제물(양·돼지·절육·생선·육포)을 쓴 것 때문입니까?"

노평공이 말했다.

"아니오. 널과 덧널, 수의가 지나치게 화려했던 것을 두고 하는 소리요."

악정자가 말했다.

"그것은 예를 어긴 것이 아닙니다. 아버지 장례 때와 어머니 장례 때, 자식인 맹자의 부유함이 달랐기 때문입니다."

악정자가 맹자를 뵙고 말했다.

"제가 임금님께 말씀드려 임금님께서 직접 선생님을 찾아뵈려던 참이었습니다만, 총애를 받는 장창이라는 자가 임금님을 막았습니다. 결국 임금님은 오시지 않게 되었습니다."

맹자가 말했다.

"가는 것도 가게 만드는 것이 있고, 멈추는 것도 멈추게 만드는 것이 있다. 가고 멈추는 것이 어찌 인간의 의지대로 되는 것이겠느냐! 내가 노나라의 제후를 만나지 못한 것은 하늘의 뜻일 뿐이다! 한갓 장씨 자식 놈이 어찌 나와 노평공을 만나지 못하게 할 수 있겠느냐?"

범식   샘! 맹자가 앞에 치렀다는 장례와 뒤에 치렀다는 장례에 대해 얘기해 주시죠.

앞은 아버지 장례였고, 뒤는 어머니 장례였어요. 장례는 죽은 자의 위계에 걸맞게 치르는 게 예禮이죠. 맹자는 장례 치를 때, 그때 그때의 자기 위계에 맞춰 치렀어요. 당연히 어머니 장례를 더 격식이 높게 치렀죠. 당시 사람들도 이것

을 문제 삼지는 않은 듯해요. 다만 "널과 덧널, 수의가 지나치게 화려했던 것"은 문제 삼았던 것 같아요.

캐순 결국 그것 때문에 노나라 평공이 맹자를 안 만났는데, 그에 대한 맹자의 반응이 지나치지 않니?

범식 만남의 의미가 특별해서 그랬겠지. 왕이 그를 만난다는 것은, 맹자에게 노나라 정치를 맡긴다는 의미여서 그랬을 거야.

캐순 그래서 노평공이 맹자 만나는 것을 장창이 막은 것일 수도 있겠다. 장례는 내세우는 명분일 뿐이고.

뭉술 맹자가 정국을 주도하면, 장창 자신은 실업자가 될 수도 있으니까!

 이때 맹자의 마음은 어땠을까?

범식 "한갓 장씨 자식 놈이 어찌 나와 노평공을 만나지 못하게 할 수 있겠느냐?" 장창에 대한 맹자의 분노가 엄청났잖아.

뭉술 분노라기보다는, 한탄이라고 하는 게 옳을 것 같아. 노평공을 '천하에 참된 성군'으로 만들어, 세계에 평화를 가져올 기회를 놓친 거잖아.

범식 이게 다 하늘의 뜻이라고 했어.

뭉술 '하늘의 뜻'이라~~.

야옹샘 이걸 끝으로, 맹자는 왕을 찾아 떠났던 유랑의 길을 접었어요. 정치 일선에서 직접 나라를 이끌겠다며 그와 뜻을 같이 할 왕 찾기를 단념한 거죠. 그러니까 이 사건은 맹자가 얼추 제→양→제→추→등→노나라(맹자가 다닌 나라와 그 순서를 정확히 알 수는 없다.)로 수레를 몰고 다니며 천하에 평화를 가져오려 했던 세월에 마침표 아닌 마침표를 찍는 장면이에요.

캐순   그래서 하늘의 뜻을 말했구나!

범식   유랑 기간이 얼마나 되었죠?

야옹샘   얼추 15년이요.

범식   〈양혜왕〉 편을 "어찌 이익에 대해 묻습니까? 인애와 정의가 있을 따름입니다!"라는 어기찬 말로 시작했는데, 자신이 정치를 못하게 된 것을 "어찌 사람이겠느냐! 하늘의 뜻이리라!"라는 말로 끝내는구나.

뭉술   크~ 샘이 가끔 쓰시는 말, '어기차다!' 대충은 알았는데 사전을 찾아보니까, "한번 마음먹은 뜻을 굽히지 아니하고, 성질이 매우 굳세다"라는 뜻의 멋진 말이었어.

범식·캐순   오, 뭉술~!

캐순   "어찌 사람이겠느냐! 하늘의 뜻이리라!"는, 15년 유랑을 하면서도 자기 뜻을 버리지 않은 사람, 이상적인 나라를 현실화하려고 참으로 대차게 살았던 사람, 그런 사람만이 할 수 있는 소리가 아닐까?

〈양혜왕〉 원문

양혜왕 · 상

1

맹자가 양나라 혜왕을 찾아뵈었다. 왕이 물었다.

"영감님께서는 천 리를 멀다 하지 않으시고 오셨으니, 틀림없이 우리 나라를 이롭게 해줄 방법이 있으시겠지요?"

맹자가 대답했다.

"임금님께서는 어찌하여 이익만을 말씀하십니까? 어짊과 의로움[仁 義]이 있을 따름입니다."

"임금님의 물음이 무엇으로 우리나라를 이롭게 해주겠는가이고, 대부 大夫들의 물음이 무엇으로 우리 집안을 이롭게 해주겠는가이며, 사士와 서민庶民들의 물음이 무엇으로 나를 이롭게 할까라면, 이는 위아래가 서 로 자기 이익을 추구하는 꼴입니다. 이로인해 나라가 위태로워질 것입니다. 천자天子의 나라에서 그의 임금을 죽이는 자는 반드시 제후諸侯일 것이고, 제후의 나라에서 그의 임금을 죽이는 자는 반드시 대부大夫일 겁니다. 천자가 만 개를 가질 때 제후가 천 개를 갖고, 제후가 천 개를 가질 때 대부가 백 개를 갖는 것이 많지 않은 것이 아닙니다. 하지만 의로움을 뒤로 하고 이익을 먼저 추구하게 된다면, 진실로 남의 것을 빼앗지 않고는 만족하지 않게 될 것입니다.

어질면서도 그의 부모를 소홀히 한 사람은 없었으며, 의로우면서도 그의 임금을 뒤로 하였던 사람은 없었습니다. 임금님께서도 어짊과 의로움에 대하여 말씀하시면 그뿐이실 터인데, 어찌하여 굳이 이익에 대하여 말씀하십니까?"

2

맹자가 양나라 혜왕을 찾아뵈었다. 왕은 연못가에 서 있다가 큰 기러기, 작은 기러기와 고라니, 사슴을 둘러보면서 말했다.

"현명한 사람들도 이런 것을 즐깁니까?"

맹자가 대답했다.

"현명한 사람이 된 다음에야 이런 것을 즐길 수 있습니다. 현명하지 못한 사람은 비록 이런 것이 있다 하더라도 즐기지를 못합니다."

《시경》에 이렇게 읊고 있습니다.

"[문왕께서] 영대靈臺를 짓기 시작할 적에,

길이를 재고 세우고 하는데,

인민들이 나서서 일해 주어

며칠 못 가 이루어졌네.

짓기 시작할 적에 서두르지 말라고 했건만

인민들은 자식들이 어버이 돕듯 몰려와 일하였네.

임금님께서 영대 동산에 계시는데,

암사슴 수사슴 엎드려 노네.

암사슴 수사슴 살쪄 윤기 흐르고,

백조는 깨끗 하얗기도 하네.

임금님께서 영대 연못에 계시는데,

아아, 가득히 물고기 뛰놀고 있네.

문왕文王은 인민들의 힘을 빌려 누대도 만들고 연못도 만들었으나, 인민들은 그 일을 기뻐하고 즐거워했습니다. 그들은 그곳을 신령한 영대, 신령한 연못이라 부르면서, 거기에 있는 고라니·사슴·물고기·자라를 즐겼습니다. 옛날의 임금들은 인민들과 함께 즐겼기 때문에 잘 즐길 수가 있었던 것입니다."

〈탕서湯書〉에 다음과 같은 말이 있습니다.

"이놈의 해는 언제나 없어지려나?

우리가 너와 함께 망해 버리리라!"

인민들이 임금과 함께 망해 버리기를 원한다면 비록 누대와 연못과 새와 짐승이 있다 하더라도 어찌 홀로 즐길 수 있겠습니까?"

3

양혜왕이 말했다.

"나는 나라를 다스리는 일에 성의를 다하고 있습니다. 하내河內 지방에 흉년이 들면 그곳 인민들을 하동河東 지방으로 옮기고, 반대로 곡식은 하내 지방으로 옮겨 줍니다. 하동 지방에 흉년이 들면 정확히 반대로 합니다. 이웃 나라들의 정치를 살펴보면 나처럼 마음을 쓰고 있는 임금이 없습니다. 그런데 이웃 나라들의 인민 수는 줄어들지 않고, 우리나라 인민의 수는 늘어나지 않고 있으니, 어째서 그렇습니까?"

맹자가 대답했다.

"임금님께서는 전쟁을 좋아하시니 전쟁으로 비유하도록 하겠습니다. 둥둥 진군의 북이 울리어 창칼을 맞대고 싸우다가, 갑자기 갑옷을 벗어버리고 무기를 땅에 끌면서 도주를 하는데, 어떤 자는 백 발짝 달아난 뒤에 멈추고 어떤 자는 오십 발짝 달아난 뒤에 멈췄다고 해보지요. 이때 오십 발짝 달아난 자가, 백 발짝 달아난 자를 보고 비웃는다면 어떻습니까?"

"안 되지요. 단지 백 발짝 달아나지 않았다 뿐이지, 그도 역시 도망친 거지요."

"임금님께서 그러함을 아신다면, 이웃 나라보다 이 나라의 인민들이 더 불어나기를 바라지 마십시오."

"농사지을 때를 어기지 않으면 곡물은 다 먹을 수 없을 정도일 것입니다. 그물눈이 촘촘한 그물을 웅덩이나 연못에 넣지 못하게 하면, 물고기와 자라는 다 먹을 수 없을 정도로 많아질 겁니다. 도끼와 자귀를 든 사람으로 하여금 특정한 계절에만 나무를 벨 수 있게 하면 재목은 다 쓸 수 없을 정도로 많아질 것입니다.

곡식과 물고기, 자라가 다 먹을 수 없을 정도로 많고, 재목 또한 다 쓸 수 없을 정도가 되면, 이것은 인민들로 하여금 살아있는 자를 봉양하고, 죽은 자를 장사지내는 데 유감이 없게 하는 일입니다. 이것이 왕도의 시작입니다.

한 농가가 5묘畝의 집터와 텃밭 둘레에 뽕나무를 심기만 해도 쉰 살이 넘은 사람은 비단옷을 입고 살 수 있습니다. 닭과 돼지, 개를 길러 그것들이 번식할 때를 놓치지 않게 한다면 일흔 살이 넘은 분들은 고기를 먹고 살 수 있습니다. 한 농가에게 주어진 40마지기의 논밭을 가꿀 때를 놓치지 않게 해준다면, 식구가 굶을 일은 없습니다.

상庠과 서序와 같은 학교를 진흥시켜서, 효도하고 우애 있는 삶이 만들어내는 의로움을 반복해서 가르치시면, 머리가 희끗희끗한 사람들이 무거운 짐을 등에 지거나, 머리에 이고 길을 다니는 일은 없을 겁니다.

쉰 살이 넘은 사람은 비단옷을 입고, 일흔 살이 넘으면 고기를 먹으며 살고, 젊은 사람들은 굶거나 춥게 살 걱정을 하지 않게 만들어주어야 합니다. 그러고서도 천하에 왕노릇 하지 않은 사람은 있어본 적이 없습니다.

[흉년이 들어 사람이 죽어나가고] 개·돼지가 사람이 먹어야 할 것을 먹고 있는데도 그것을 단속하지 않고, 길에는 굶어죽은 시체가 뒹굴고 있는데도 곡식창고를 풀어 나누어줄 생각을 않고서는, 사람이 죽으면 '이건 내 탓이 아니야. 흉년 때문이야!'라고 한다면, 칼로 사람을 찔러죽이고 나서, '이건 내 탓이 아니다. 칼 때문이다!'라고 말하는 것과 뭐가 다르겠습니까? 임금님께서 흉년 탓을 하지 않으신다면, 곧 천하의 인민

들이 몰려들게 될 것입니다."

4

양혜왕이 말했다. "저는 편안한 마음으로 가르침을 받고 싶습니다."

　맹자가 대답했다. "사람을 죽이는 데 몽둥이로 죽이는 것과 칼로 죽이는 것이 다릅니까?"

　"다르지 않지요."

　"칼로 죽이는 것과 정치로 죽이는 것은 다릅니까?"

　"다르지 않지요."

　"임금님의 푸줏간에는 살이 오른 고기가 있고, 마구간에는 포동포동한 말이 있습니다. 그런데 인민들에게선 굶은 기색이 역력히 나타나고, 들판에는 굶어죽은 시체가 뒹굴고 있습니다. 이는 짐승을 몰고 와 사람들을 먹이는 것입니다. 짐승들끼리 서로 잡아먹는 것도 사람들은 싫어합니다. 인민의 부모가 되어 정치를 한다면서, 짐승들을 몰고 와 사람들을 잡아먹게 한다면, 그가 인민의 부모가 된 점을 어디에서 찾을 수 있겠습니까? 공자께서 말씀하셨지요. '맨 처음 인형을 땅에 묻은 자는 후손을 두지 못했을 것이다.' 사람의 모습을 본떠 만든 것을 장례 때 썼기 때문입니다. 사람 모양을 땅에 묻은 것만으로도 이럴진대, 어떻게 산 사람을 굶어죽게 할 수 있단 말입니까?"

5

양혜왕이 말했다.

"진나라는 천하에 적수가 없는 나라였다는 것은 선생께서도 잘 아십니다. 과인의 때에 이르러 동쪽으로 제나라에 패해 과인의 장남이 거기에서 죽었습니다. 서쪽으로는 진秦나라에게 700리 땅을 잃었고, 남쪽으로는 초나라에게 모욕을 당했습니다. 과인은 이것을 치욕으로 여기고 있습니다. 죽은 사람들을 위해 원한을 싹 씻어내고 싶은데 어떻게 하면 되겠습니까?"

맹자가 대답했다. "땅이 사방 백 리만 되어도 천하에 왕 노릇을 할 수 있습니다. 왕께서 인민들에게 어진 정치를 베푸시어, 형벌을 줄이고, 세금을 낮춰주고, 땅을 깊게 갈고 제때에 김을 매게 해주십시오. 또한 청년들이 농사짓는 틈틈이 효孝·제悌·충忠·신信의 덕성을 닦게 해서, 집에 들어가서는 부모·형제를 섬기고, 나와서는 웃어른을 잘 섬기도록 하십시오. 그러면 전쟁이 났을 때 인민들 모두 나무 몽둥이라도 들고 나와, 견고한 갑옷이나 예리한 무기로 무장한 군사가 진나라 병사건 초나라 병사건 모조리 쳐부수고 말 것입니다.

진나라나 초나라에서는 인민들을 시도 때도 없이 동원하니, 밭을 깊게 갈고 김매어 부모를 봉양할 수가 없습니다. 그들의 부모들은 얼어 죽거나 굶어 죽고, 형제와 처자식들은 뿔뿔이 흩어지고 있습니다. 저 나라에서는 인민을 물구덩이에 빠뜨리고 있을 따름이지요. [왕도의 정치를 펼친 뒤] 왕께서 나아가 [그런 포악한 사람을] 정벌하신다면, 누가 감히 왕께 대적하겠습니까? '어진 사람은 대적할 적이 없다[仁者無敵]' 합니다. 왕이시여! 부디 의심치 마소서!"

6

맹자가 양양왕을 만났다. 뵙고 나와 사람들에게 말했다.

"멀리서 볼 때도 인민들의 임금 같다는 느낌이 안 들더니만, 직접 만나보아도 외경스러운 느낌이 들지 않았어요."

만나자마자 느닷없이 묻더군요. "천하가 어떻게 될 것 같습니까?"

내가 말했지요. "하나로 정리될 것입니다."

"누가 천하를 하나로 만든다고 생각하십니까?"

내가 대답했지요.

"사람 죽이기를 좋아하지 않는 사람이라야 천하를 하나로 만들 수 있습니다."

"누가 그런 사람과 함께하려 하겠습니까?"

내가 대답했지요.

"천하 사람 모두 그와 함께하려 할 것입니다. 왕께서는 벼의 싹을 아시지요? 7·8월에 가뭄이 들면 싹이 말라버립니다. 하늘에 짙은 뭉게구름이 일어 쫙쫙 비가 쏟아지면, 벼 싹들이 버쩍버쩍 살아납니다. 이와 같이 되는 것을 그 누가 막을 수 있겠습니까? 지금 사람을 기른다는 임금치고, 사람 죽이기를 좋아하지 않는 자가 없습니다. 만약 사람 죽이는 것을 좋아하지 않는 임금이 나타나기만 한다면, 천하의 인민들이 모두 목을 빼고 그를 바라볼 것입니다. 진실로 이와 같다면, 천하의 인민들이 그분에게 나아가는 모습이 마치 물이 아래로 콸콸 쏟아지는 것과 같을 것입니다. 누가 이것을 막을 수 있겠습니까?"

7

제나라 선왕이 물었다.

"제나라 환공과 진晉나라 문공의 일에 대해 말씀해 주실 수 있겠습니까?"

맹자가 대답했다.

"공자의 가르침을 받드는 사람들은 환공이나 문공의 일에 대해서는 말도 꺼내는 이가 없습니다. 그래서 후세에까지 그 일에 대해서는 전해지지 않고, 저도 들은 게 없습니다. 괜찮으시다면 왕도를 실천해 왕천하하는 것에 대해 말씀드려도 괜찮겠습니까?"

"덕이 어때야 왕천하할 수 있습니까?"

"인민들을 보호해 주면서 임금 노릇을 한다면, 아무도 그가 왕천하하는 것을 막을 수 없습니다."

"과인 같은 사람도 인민들을 보호할 수 있겠습니까?"

"그럼요."

"어떻게 해서 내가 그럴 수 있다는 것을 아십니까?"

맹자가 대답하였다.

"저는 호흘이 이렇게 말하는 걸 들었습니다. 임금님께서 대청 위에 앉아 계시는데, 소를 끌고 대청 아래를 지나가는 사람이 있었다고 합니다. 임금님께서 그를 보시고 물으셨다지요. '소를 어디로 끌고 가는 것이냐?'

그 사람이 대답했다지요. '이 소를 잡아 피를 종에 바르는 의식을 치르려 합니다.'

그러자 임금님께서 말씀하셨다지요. '그 소를 풀어주어라! 소가 벌벌 떨면서 죄도 없이 죽을 곳으로 가는 것을 나는 차마 보지 못하겠구나!'

그 사람이 물었다지요. '그러면 종에 소 피 바르는 의식을 그만둘까요?'

그러자 임금님께서 '어찌 그만둘 수 있겠느냐? 양으로 대신하거라!'라고 말씀하셨다고 들었습니다.

그런 일이 있었는지요?"

"그런 일이 있었습니다"

"그런 마음이면 충분히 왕천하를 할 수 있습니다. 인민들은 모두 임금님께서 소를 아끼느라 그랬다고 힙니다만, 저는 정말로 임금님께서 차마 그 소를 볼 수 없는 마음이 있어서 그랬다는 것을 알고 있습니다."

제선왕이 말했다.

"그렇군요. 정말로 그렇게 여기고 있는 인민들이 있을 것 같습니다. 제나라가 비록 작지만 내 어찌 소 한 마리를 아까워하겠습니까? 소가 벌벌 떨면서 죄도 없이 죽을 곳으로 가는 것을 내가 차마 보지 못하겠기에, 소 대신에 양을 쓰라고 한 것이지요."

맹자가 말했다.

"인민들이 임금님께서 소를 아끼느라 그랬다고 말하는 것을 임금님께서는 이상하게 여기지 마십시오. 작은 것을 가지고 큰 것과 바꾸라고 해서 그런 것입니다만, 그들이 어떻게 임금님의 마음을 알겠습니까? 소가 죄도 없이 죽을 곳으로 가는 것을 임금님께서 측은히 여기셨다면, 어찌하여 소와 양을 굳이 구별하셨습니까?"

왕이 웃으면서 말했다.

"그거, 정말 무슨 마음이었을까요? 나는 그 재물이 아까워서 양으로 바꾸라고 했던 것은 아닙니다만, 인민들이 내가 소가 아까워서 그랬다고 말하는 것도 당연한 일이겠습니다."

맹자가 말했다.

"상관없습니다. 그것이야말로 어짊으로 가는 길입니다. 소가 벌벌 떠는 모습은 보셨지만, 양은 보지 못하셨기 때문입니다. 새나 짐승들을 대함에 있어서, 군자는 그것들이 살아있는 것을 본 마당엔 그것들이 죽게 되는 꼴은 차마 보지를 못합니다. 그들의 소리를 들은 마당엔 차마 그 고기를 먹지 못합니다. 그래서 군자는 푸줏간을 멀리하는 것입니다."

왕이 기뻐하며 말했다.

"《시경》에 '다른 사람이 지닌 마음, 내가 헤아려 아노라' 하는 가사가 있는데, 바로 선생님을 두고 쓴 가사인 듯합니다. 내가 그 일을 행하고서, 그렇게 한 까닭을 찾아보았는데, 내 마음을 알 수가 없었습니다. 선생님께서 설명해 주시자 내 마음이 환히 밝아지는 듯합니다. 그런데 이 마음이 왕천하하는 어짊에 들어맞는 까닭은 무엇입니까?"

맹자가 말했다.

"어떤 사람이 임금님께 '제 힘은 무게가 3천 근 나가는 것은 너끈히 들 수 있지만, 한 개의 깃털은 들 수 없고, 제 눈은 가을철 털끝은 잘 볼 수 있지만 수레 가득히 실은 땔나무는 보지 못합니다'라고 말한다면, 임금님께서는 그 말을 인정하시겠습니까?"

왕이 말했다.

"천만에요!"

"지금 임금님의 은혜가 새와 짐승에게까지 미치고 있는 판에, 임금님의 공이 인민들에게 미치지 못하는 것은 유독 무엇 때문입니까? 한 개의 깃털이 들리지 않는 것은 힘을 쓰지 않기 때문입니다. 수레에 가득 쌓인 땔나무가 보이지 않는 것은 눈을 쓰지 않기 때문입니다. 인민들이 보호받지 못하는 것은 은혜로운 마음을 쓰지 않기 때문입니다. 그러므로 임금님께서 왕천하를 하지 못한 것은, 하지 않는 것이지 할 수 없는 것이 아닙니다."

왕이 말했다.

"하지 않는 것과 할 수 없는 것의 꼴이 어떻게 다릅니까?"

맹자가 말했다.

"태산을 옆에 끼고 북쪽 바다를 뛰어 건너는 것을 두고 다른 사람에게 '나는 할 수 없다'라고 말한다면, 그것은 정말 하지 못하는 것입니다. 어른을 위하여 나뭇가지를 꺾어드리는 일을 두고 다른 사람에게 '나는 할 수 없다'라고 한다면, 그것은 하지 않는 것이지 하지 못하는 것이 아닙니다. 임금님께서 왕천하를 하지 못한 것은, 태산을 옆에 끼고 북쪽 바다를 뛰어 건너는 것과 같은 게 아닙니다. 그것은 바로 나뭇가지를 꺾는 것과 같은 일을 하지 않고 있는 것입니다."

맹자가 말했다. "자기 집 노인을 대접하는 마음을 써서 다른 사람의 노인을 대접하고, 자기 아이 돌보는 마음을 써서 남의 아이를 돌보십시오. 그러면 천하를 손바닥 위에 올려놓고 굴리는 것처럼 쉬울 것입니다.

《시경》에 다음과 같은 가사가 있습니다. '아내에게 모범이 되고, 그 덕이 형제들에게까지 미치고, 그 마음으로 나라를 다스렸네.' 이것은 가까운 사람을 대하는 마음으로 인민들을 대한 것을 노래한 것일 따름입니다.

그러므로 은혜를 미루어 키우면 온 세상을 보전할 수 있고, 은혜를 미루어 키우지 않는다면 처자식도 보전하지 못하게 될 것이라는 뜻입니다. 옛 성인들이 보통사람보다 크게 뛰어났던 까닭은 별 다른 것이 아닙니다. 그들이 지닌 마음을 잘 밀고 나가 채운 것일 따름이었습니다. 지금 임금님의 은혜가 새와 짐승들에게 미치고 있는데, 임금님의 공덕이 인민들에게 미치지 못하는 것은 유독 무엇 때문입니까? 저울대에 달아본 뒤에야 가벼운가 무거운가를 알고, 재본 뒤에야 짧은가 긴가를 알 수 있습니다. 만사가 다 그렇습니다만 마음은 더욱 그렇습니다. 임금님께서는 (당신의) 그것을 잘 헤아려 보시기 바랍니다."

맹자가 말했다.

"혹시 임금님께서는 전쟁을 일으켜 인민과 신하들을 위태롭게 하고 제후들과 원한을 쌓은 뒤에야 마음에 쾌감이 있으십니까?"

왕이 말했다.

"아닙니다. 내 어찌 그런 일에 쾌감이 생기겠습니까? 정말로 하고 싶은 게 있는데, 그것을 이루려는 것입니다."

맹자가 말했다.

"임금님께서 정말 하고 싶은 게 무엇인지요? 제가 들어볼 수 있겠습니까?

왕은 웃기만 할 뿐 말하지 않았다.

맹자가 말했다.

"살지고 맛있는 음식이 입에 부족하십니까? 가볍고 따스한 옷이 몸에 부족하십니까? 아니면 눈요깃거리로 아름다운 것들이 부족하십니까? 귀로 들을 아름다운 음악이 부족하십니까? 앞에 놓고 부릴 사람들이 부족하십니까? 임금님의 여러 신하들이 그런 것들은 충분히 공급해 드리고 있습니다. 그러니 임금님께서 어찌 그런 것들을 바라시겠습니까?"

"그렇습니다! 나는 그런 것을 바라지 않습니다."

맹자가 말했다.

"그렇다면 임금님께서 정말 하고 싶은 것을 제가 알겠습니다. 그것은 토지를 넓히고 진나라·초나라와 같은 대국에게서 조공을 받으며, 중원에 군림한 뒤, 사방의 오랑캐를 어루만지려는 것입니다."

[맹자가 말했다.] "지금 하는 행동을 가지고 그러한 욕망을 추구하는 것은, 마치 나무에 올라가면서 물고기를 잡으려는 것이나 같습니다."

왕이 말했다.

"내 욕망이 그처럼 심한 것이란 말입니까?"

맹자가 말했다.

"아마도 그보다 더 심할 것입니다. 나무에 올라가면서 물고기를 잡으려는 것은 비록 고기를 잡지 못한다 해도 뒤탈은 없습니다. 그러나 지금 하는 행동을 가지고 그러한 욕망을 추구하면서, 온 몸과 마음을 다해서 한다면 뒤에 반드시 재앙이 닥칠 것입니다."

왕이 말했다.

"그 까닭이나 들어볼 수 있겠습니까?"

맹자가 말했다.

"추나라 사람들과 초나라 사람들이 싸운다면, 임금님은 누가 이길 거라고 여기십니까?"

왕이 말했다.

"초나라 사람들이 이기겠지요."

맹자가 말했다.

"그 까닭은 다음과 같습니다. 그렇게 작은 나라는 그렇게 큰 나라를 대적할 수가 없고, 인구가 그렇게 적은 나라는 인구가 그렇게 많은 나라를 적대할 수가 없으며, 그렇게 약한 나라는 그렇게 강한 나라를 대적할 수가 없어서입니다. 천하의 땅은 사방으로 천 리가 되는 나라가 아홉 개 있는 폭입니다. 제나라는 땅을 다 합치면 그중 하나를 차지하는 넓이입니다. 하나를 가지고서 자신보다 여덟 배나 더 큰 것을 정복하려 하는 것은, 추나라가 초나라를 적대하는 것과 무엇이 다르겠습니까? 어찌하여 그 근본으로 돌아가지 않으십니까?"

맹자가 말했다.

"이제 임금님께서 인덕이 베풀어지는 정치를 하시어, 천하의 벼슬아치들이 모두 임금님의 조정에서 벼슬하기를 바라고, 농사꾼이면 누구나 임금님의 들판에서 밭 갈기를 바라며, 장사꾼은 장사꾼대로 임금님의 시장에 상품을 놔두기를 바라고, 여행객들은 모두 임금님 땅의 길로 나서기를 바라며, 자기 임금을 비판하려는 천하 사람들은 죄다 임금님에게 달려와 호소하고 싶게 하십시오. 이렇게만 된다면 임금님이 하고자 하는 것을 그 누가 막을 수 있겠습니까?"

왕이 말했다.

"나는 흐리멍텅해서 그런 경지로 나아가지 못합니다. 선생님께서 나의 뜻을 받들어 나를 밝게 가르쳐 주십시오. 내 비록 명민하지는 않지만, 한번 해보겠습니다."

맹자가 말했다.

"일정한 생업[항산]이 없으면서도 일정한 마음[항심]을 지니는 일은 오직 선비만이 가능합니다. 보통사람들은 일정한 생업이 없으면, 그에 따라 일정한 마음도 없습니다. 진실로 일정한 마음이 없으면 방탕하고 치우친 일, 사악하고 사치스런 일을 못하는 게 없을 것입니다. 그들이 죄악에 빠진 뒤 그 잘못에 따라 형벌을 가한다면, 그것은 사람을 그물로 잡아들이는 짓입니다. 어떻게 어진 사람이 임금의 자리에 있으면서 사람을 그물로 잡아들이는 일을 할 수 있단 말입니까?

이런 까닭에 밝은 임금은 인민들의 생업을 마련해주되, 위로는 부모님을 섬기기에 넉넉하고 아래로는 처자식을 먹여 살리기에 넉넉하도록 해줍니다. 풍년이 계속 들면 내내 배불리 먹고, 흉년이 들어도 굶어 죽는 일은 없게 합니다. 그렇게 된 뒤에야, 그들을 착한 길로 나아가게 합니다. 그러므로 인민들이 따라가는 게 쉽습니다.

지금은 인민들의 생업을 마련해준다고 해도, 위로는 부모님을 섬기기에 부족하고 아래로는 처자식들을 먹여 살리기에 부족합니다. 풍년이 계속 들어도 내내 고통만 겪고, 흉년이 들면 죽음을 면하지 못합니다. 이렇게 되어서, 죽음을 면하는 일만도 힘에 부쳐 두려운 지경인데, 어느 겨를에 예의를 따지겠습니까? 임금님께서는 그 큰 소망을 이루려 하면서 어찌하여 그 근본으로 돌아가시지 않습니까?"

양혜왕 · 하

1

제나라 선왕의 신하인 장포莊暴가 맹자를 뵙고 말했다.

"제가 왕을 뵈었는데, 왕께서 저에게 당신은 음악을 엄청 좋아한다고 말씀하셨습니다만, 저는 뭐라 대답하지 못했습니다. 음악을 좋아한다는 건 정말 어떤 건가요?"

맹자가 말했다.

"왕께서 음악을 그토록 좋아하신다니, 제나라는 이상적인 나라에 가깝게 되겠군요."

며칠이 지나, 맹자는 제나라 선왕을 뵙고 말했다.

"임금님께서 전에 장포에게 음악을 좋아한다고 말씀하셨다고 하던데, 그런 적이 있습니까?"

왕은 정색을 하며 말했다.

"저에겐 '성군'들이 남겨 놓은 음악을 좋아할 수 있는 능력은 없습니다. 단지 요즘의 음악을 좋아할 뿐이지요.

이에 맹자가 말했다.

"왕께서 음악을 그토록 좋아하신다니, 제나라는 곧 이상적인 나라가 될 것입니다. 지금의 음악이나 옛 음악이나 다 한가지입니다."

"그 까닭을 들을 수 있겠습니까?"

"나 홀로 음악을 즐기는 것과 다른 사람과 함께 음악을 즐기는 것, 이 중 어느 쪽이 더 즐거울까요?"

"그야 다른 사람과 함께 음악을 즐기는 것이 더 즐겁지요."

"몇몇 사람과만 음악을 즐기는 것과 다중과 함께 음악을 즐기는 것, 이 중 어느 쪽이 더 즐거울까요?"

"그야 다중과 함께 음악을 즐기는 것이 더 즐겁겠지요."

"임금님을 위해 제가 음악이란 무엇인가에 관해 말씀드리겠습니다. 지금 임금님께서 음악을 연주하시면, 인민들은 임금님의 편종소리, 북소리, 퉁소소리, 피리소리를 듣게 될 것입니다. 이때 인민들이 모두 골치 아파하고 이맛살을 찌푸리며 '우리 왕이 음악을 좋아하면서, 어찌 우리를 이런 지경에 빠지게 한단 말인가? 어버이와 자식이 서로 만날 수 없고, 형제처자가 다 뿔뿔이 흩어지게 하다니!'라고 합니다.

또한 지금 임금님께서 사냥을 하시면, 인민들은 임금님의 수레와 말의 소리를 듣고 또 찬란한 깃발을 보게 될 것입니다. 이때 인민들이 모두 골치아파하고 이맛살을 찌푸리며 '우리 왕이 사냥을 좋아하면서, 어찌 우리를 이런 지경에 빠지게 한단 말인가? 어버이와 자식이 서로 만날 수 없고, 형제처자가 다 뿔뿔이 흩어지게 하다니!'라고 합니다. 어찌하여 이런 소리가 인민의 입에서 나오겠습니까? 딴 이유가 없습니다. 인민과 더불어 즐기지 않기 때문입니다.

지금 임금님께서 음악을 연주하시면, 인민들은 임금님의 편종소리, 북소리, 퉁소소리, 피리소리를 듣게 되겠지요. 이때 인민들이 모두 기꺼워하며 기쁜 낯을 하고서 '우리 임금님이 아픈 데 없이 건강하신가 보다. 그렇지 않고서야 어찌 저렇게 아름나운 음악을 연주하실 수 있겠는가?' 라고 한다고 합시다.

또한 지금 임금님께서 사냥을 나가시면, 인민들은 임금님의 수레와 말의 소리를 듣고 또 찬란한 깃발을 보게 되겠지요. 이때 인민들이 모두 기꺼워하며 기쁜 낯을 하고서 '우리 임금님이 아픈 데 없이 건강하신가 보다. 그렇지 않고서야 어찌 사냥을 다니실 수 있겠는가?'라고 한다고 합시다. 인민이 이렇게 말하는 데는 다른 까닭이 없습니다. 인민과 함께 즐기기 때문입니다.

지금 임금님께서 인민과 함께 즐기신다면 그것이 곧 왕도를 실현하는 길이니, 그에 따라 천하의 임금님이 될 수 있습니다."

2

제나라 선왕이 물었다.

"문왕文王의 동산이 사방 70리나 될 정도로 컸다고 하는데 정말 그렇습니까?"

맹자가 대답했다.

"전해오는 문헌에 그렇다고 되어 있습니다."

"아니, 그렇게나 컸단 말인가요?"

"당시 인민들은 그것도 작다고 여겼습니다."

"과인의 동산은 사방 40리에 지나지 않습니다. 그런데도 인민들이 크다고 여기니, 어찌 이럴 수 있습니까?"

맹자가 말했다.

"문왕의 동산은 사방 70리니 넓다고 할 수도 있습니다. 하지만 꼴을 베는 사람이나 나무꾼도 그곳에 들어갈 수 있었고, 꿩이나 토끼를 잡는 사람도 맘대로 드나들 수 있었습니다. 문왕은 그 동산을 인민들과 공동으로 소유하신 셈이지요. 그러니 인민들이 문왕의 동산을 작다고 여긴 것은 너무도 당연하지 않습니까?

제가 처음 이 나라에 들어왔을 때, 먼저 이 나라가 특히 금하는 법[大禁]이 무엇인지를 확인한 뒤에야 감히 들어올 수 있었습니다. 교외와 성의 관문 사이에 사방 40리인 동산이 있는데, 그곳에서 사슴이나 고라니를 죽인 자는 살인자와 같은 형벌로 처벌받는다고 들었습니다. 이것은 사방 40리나 되는 엄청난 함정을 나라 안에 파 놓은 것입니다. 이 정도면 커도커도 너무 크다고 생각하는 게 당연하지 않습니까?"

3

제나라 선왕이 물었다.

"이웃나라와 사귀는 것에도 올바른 길이 있습니까?"

맹자가 대답했다.

"있고말고요. 오직 어진 사람만이 큰 나라를 가지고서도 작은 나라를

섬길 수 있습니다. 은나라 탕왕湯王이 작은 나라인 갈葛나라를 섬긴 것,
주나라 문왕文王이 작은 나라인 곤이昆夷를 섬긴 것이 그 경우이지요.
반대로, 작은 나라이기에 큰 나라를 섬기는 것은 오직 지혜로운 사람만
이 그럴 수 있습니다. 주나라의 고공단보 태왕이 흉노족 훈육燻鬻을 섬
긴 것, 월나라 왕 구천句踐이 오吳나라를 섬긴 것이 그 경우이지요.

　큰 나라임에도 작은 나라를 섬기는 사람은 하늘을 즐길 줄 아는 사이
고, 작은 나라이기에 큰 나라를 섬기는 사람은 하늘을 두려워할 줄 아는
자입니다. 하늘을 즐길 줄 아는 사람은 천하를 보전하고, 하늘을 두려워
할 줄 아는 사람은 자기 나라를 보전합니다. 시詩에 '하늘의 위엄을 두려
워하니, 나라를 잘 보전하네!'라는 구절이 있는데 바로 이 말입니다."

　왕이 말했다.

　"참으로 훌륭한 말씀입니다. 그런데 과인에게는 병폐가 있습니다. 용
맹을 떨치는 일을 하는 게 마음에 쏙 든다는 점입니다.

　맹자가 대답했다.

　"임금님께서는 작은 용맹을 좋아하지 마소서. 칼을 만지작거리면서
눈을 부라리고는, '네깐 놈이 감히 나에게 맞서겠단 말이냐!' 하고 큰소
리치는 것은 필부의 용맹입니다. 한 사람을 대적하는 거지요. 왕이시여!
그 용맹을 거대하게 키우소서!

　《시경詩經》에 다음과 같은 가사가 있습니다.

　'[밀密나라 사람들이 함부로 전쟁을 일으켜 거莒나라를 침략하니] 문
왕께서 불끈 성을 내시고, 곧 군대를 정비하셔, 거나라를 침략하는 밀나
라 군대를 막으셨도다. 이렇게 주周나라의 복을 돈독히 하고, 천하 사람

들의 바람에 부응하셨도다.' 문왕의 용맹은 바로 이것입니다. 문왕이 한 번 성을 내자, 천하의 인민이 평화를 얻게 되었지요.

또《서경書經》에 다음과 같은 무왕의 말씀이 적혀 있습니다.

'하느님께서 이 땅에 인민을 내실 적에 임금과 스승도 마련하셨는데, 그것은 하느님을 도와 천하의 온 인민을 사랑하라는 뜻에서 그리 하셨소. 그러니 사방의 죄 있는 자는 벌하고, 죄 없는 자는 편안케 해주는 것은 내가 져야 할 짐이오. 천하의 그 누가 이러한 나의 뜻을 감히 막을 수 있으리오!'

한 사람이 천하를 놓고 횡포를 저지르자, 무왕은 그것이 자기 책임이라고 여겨 부끄럽게 여기셨습니다. 무왕의 용맹은 바로 이것입니다. 무왕 역시 한번 성을 내자, 천하의 인민이 평화를 얻게 되었지요. 지금 왕께서도 한번 성을 내시어 천하의 인민을 평화롭게 만드는 용기를 보이신다면, 인민들은 오히려 왕께서 용맹을 좋아하시지 않을까봐 걱정일 것입니다."

4

제나라 선왕이 맹자를 설궁雪宮에서 뵈었다.

왕이 말했다.

"현자들에게도 이러한 즐거움이 있었습니까?"

맹자가 대답했다.

"있었지요. 이런 즐거움을 누릴 수 없는 사람들은 그 윗사람을 비난합니다만, 자기가 이런 즐거움을 누리지 못한다고 해서 그 윗사람을 무조건 비난하는 것은 잘못입니다. 하지만 인민의 윗자리에 있으면서 그 즐거움을 인민들과 함께 나누지 않는 것 역시 잘못입니다. 군주가 인민들이 즐거워하는 것을 즐거워하면, 인민들은 반드시 군주가 즐거워하는 것을 즐거워합니다. 군주가 인민들이 근심하는 것을 근심하면, 인민들은 반드시 군주가 근심하는 것을 근심합니다. 즐거움을 천하와 더불어 하고, 근심을 천하와 더불어 하는데도 천하 인민이 그를 따르지 않는 경우는 지금껏 없었습니다.

옛날에 제나라 경공景公이 안자晏子에게 물었는데, 그 물음과 대답이 임금님께 도움이 될 겁니다. 다음이 그것입니다.

'나는 지금 유람을 하려 합니다. 전부산轉附山과 조무산朝儛山을 둘러보고, 그곳에서 바닷가를 따라 남쪽으로 내려가 낭야琅邪까지 가려고 합니다. 내가 유람 중에 무슨 일을 해야, 옛날 위대한 왕들의 유람에 어깨를 나란히 할 수 있을까요?'

안자가 대답했다. '참으로 훌륭한 물음입니다! 천자天子가 제후諸侯 나라에 가는 것을 순수巡狩라고 합니다. 순수라는 말뜻은, 제후가 지키고 있는[狩] 봉토封土를 순시巡視한다는 것입니다. 또한 제후가 천자를 찾아뵙는 것을 술직述職이라 합니다. 술직의 말뜻은, 제후가 맡은 바 직무를 보고한다는 것입니다. 천자든 제후든, 유람은 그저 놀러가는 것이 아니라 일거리를 처리하러 가는 것입니다.

봄에는 밭갈이한 것을 살펴 부족한 것을 보태주고, 가을에는 수확 상태를 살펴 모자라는 것을 도와줍니다. 하나라 사람들이 이렇게 말했습니다. "우리 임금님이 유람하지 않으면 우리들은 쉴 수가 없네! 우리 임금님이 놀러 오시지 않으면 우리들은 어디서 도움 받나? 한 번 유람 오시고 한 번 놀러 오시는 것이 모두 제후의 법도가 된다네!"

지금은 그렇지 않습니다. 임금님이 순행을 가면 많은 군대를 거느리고 다녀 인민이 먹어야 할 식량을 그들이 먹어치웁니다. 배고픈 인민은 [임금으로부터 도움 받아] 먹지 못하고, 수고하는 인민들은 쉬지 못합니다. 결국 인민들은 서로 눈을 흘기고 비방하면서 못된 짓을 저지르지요.

그뿐이 아닙니다. [지금의 왕들은] 옛날 훌륭한 임금들의 가르침을 어기고 자기 나라의 인민을 학대하며, 음식을 물처럼 낭비합니다. "유련황망流連荒亡"을 하고 있으니, 이것은 제나라에 소속된 '작은 제후'들의 근심이 되었습니다. '유流'는 배 띄우고 놀면서 끝 간 데 없이 내려갈 뿐 돌아올 줄 모르는 것이고, '연連'은 배를 띄워 물을 거슬러 올라가 놀 뿐 다시 돌아올 줄 모르는 것입니다. '황荒'은 사냥에 푹 빠져 만족을 모르고 그 짓을 계속하는 것이고, '망亡'은 술에 절어 사는 것입니다. 옛 성왕들은 이러한 유련流連의 방탕함도 황망荒亡한 행동도 없었습니다.

훌륭한 옛 왕의 아름다운 행동과 지금 군주들의 횡포, 이 둘 중에서 임금님(제나라 경공)의 유람이 어느 것이 될지는 오직 임금님께 달려있습니다.'

제나라 경공은 이런 비판을 듣고서도 크게 기뻐했습니다. 그러고는 온 나라에 근신하라는 포고령을 내리고, 당신 스스로는 궁전을 나와 교외에 머물면서, 창고를 열어 인민들의 모자람을 채워주셨지요. 그런 다음 음악을 관장하는 관리를 불러 명했습니다. '나를 위해 임금과 신하가 함께 기뻐하는 음악을 지어주시오!' 이렇게 해서 만들어진 음악이 바로 치소徵招와 각소角招입니다. 그 곡에, '임금을 저지하는 것이 무슨 허물이 되랴!'라는 노랫말이 있습니다. 임금을 저지하는 것이야말로 임금을 사랑하는 것이라는 말이지요."

5

제나라 선왕이 물었다.

"사람마다 옛날 천자가 제후를 순수할 때 썼던 태산의 명당明堂을 헐어버리라고 하는데 그것을 허는 게 나을까요, 그대로 두는 게 나을까요?"

맹자가 대답했다. "명당이란 천하를 다스리는 임금이 쓰는 전당입니다. 임금님께서 진정 왕도를 실현하시어 천하를 통일하고자 한다면 헐지 마십시오."

왕이 말했다.

"왕도를 실현하는 정치에 관해 말해줄 수 있으시겠습니까?"

맹자가 대답했다.

"옛날에 문왕께서 기岐 땅을 다스리실 때, 농민이 내는 세율이 9분의 1밖에 안되었습니다. 그리고 관리 노릇하는 사람들에겐 그 봉록을 세습시켜 주어 생활 걱정을 없애 착취를 안 해도 되게끔 했고, 국경 관문이나 시장에서는 조사하기는 했으나 세금은 전혀 걷지 않아 무역을 활성화했으며, 저수지나 웅덩이에서 고기 잡는 것을 막지 않았으며, 죄인을 벌할 때도 그 처자식을 함께 얽어매지 않았습니다.

늙었는데 아내가 없는 홀아비를 환鰥이라 하고, 늙었는데 남편이 없는 과부를 과寡라 하고, 늙어서 자식이 없는 독거노인을 독獨이라 하고, 어버이 없는 어린아이를 고孤라고 합니다. 이 네 부류의 사람들이야말로 천하에 궁핍한 사람들이며 하소연할 곳조차 없는 사람들입니다. 문왕께서는 어진 정치를 행하셨는데, 반드시 이 네 부류의 사람들을 먼저 보살피시는 복지정책을 펼치셨습니다. 시경에 '부자들이야 뭔 걱정이 있으리오? 곤궁하고 외로운 이들이 슬플 뿐!'이란 노랫말이 있지 않습니까?"

왕이 말했다.

"참으로 좋은 말씀이십니다!"

맹자가 말했다.

"왕께서는 그렇게 좋게 여기시면서 어찌하여 그것을 실행하지 않으십니까?"

왕이 말했다.

"과인에게 병통이 있소. 과인은 재물이 너무 좋소."

맹자가 대답했다.

"주나라 초기에 공류公劉라는 분이 다스렸는데, 이 분도 재물을 좋아하셨습니다. 이 분을 기리는 시詩가 있지요. '노적가리를 높이 쌓고 창고에도 가득 채워놨다네. 그런 다음 말린 음식을 차곡차곡 자루에 담아 길을 떠나네. 인민을 편안케 하고서, 나라를 빛낼 날을 꿈꾸며 활과 화살, 방패와 창, 크고 작은 도끼를 갖추어 길을 떠났네.'

그러므로 남아있는 인민에겐 노적가리와 창고에 쌓인 곡식이 있었고, 길 떠나는 인민에겐 자루에 식량이 잔뜩 있었으니 걱정이 없었습니다. 그런 연후에나 길을 떠나서, 나라를 빛냈습니다. 임금님께서 재물을 좋아하시되, 그것을 인민과 함께 소유하신다면 임금님께서 천하에 왕이 되어 왕정을 펼치는 데에 무슨 어려움이 있겠습니까?"

왕이 말했다.

"과인에게 또 다른 병통이 있습니다. 과인은 여인이 너무 좋습니다."

맹자가 대답했다.

"옛닐에 고공단보 태왕께서도 여인을 좋아하셔서 그 부인 강씨姜氏를 무척 사랑하셨지요. 시에, '고공단보가 아침에 말을 달려 서쪽 물가를 따라 기산岐山 아래에 이르렀네. 같이 온 강씨 부인과 함께 새 집터를 잡고 함께 사셨네.'라는 가사도 있지 않습니까?

고공단보가 다스리던 때엔 안으로는 시집을 못가 원한을 품은 여자도 없었고, 밖으로는 장가를 못가 외로운 남자도 없었습니다. 임금님께서 여인을 좋아하시되 인민들도 그럴 수 있도록 만드신다면, 임금님께서 천하에 왕이 되어 왕정을 펼치는 데에 무슨 어려움이 있겠습니까?"

6

맹자가 제나라 선왕에게 말했다.

"왕의 신하 중에 초나라에 사신으로 가면서, 친구에게 자기 처자식을 돌봐달라고 부탁하고 떠난 사람이 있다고 칩시다. 초나라에서 돌아와 보니 그 처자식이 모두 추위에 떨고 굶어죽게 생겼다면, 그를 어떻게 하시겠습니까?"

왕이 말했다.

"그런 자는 버려야지요."

맹자가 말했다.

"장수가 병사를 다스리지 못한다면 어떻게 하시겠습니까?"

제나라 선왕은 말했다.

"그런 장수는 파면시켜야지요."

맹자가 말했다.

"나라가 잘 다스려지고 있지 않다면, 어떻게 해야겠습니까?"

왕은 좌우를 둘러보며 딴청을 했다.

7

맹자가 제나라 선왕을 뵙고 말했다.

"이른바 연조가 있는 나라[故國]란 그 나라에 큰 나무가 있는 것을 두고 하는 소리가 아닙니다. 그 나라를 대대로 지켜온 동량 같은 신하들이 버티고 있는 것을 두고 하는 소리이지요. 지금 임금님껜 친한 신하 하나 없습니다. 어제 임명한 신하가 오늘 도망치려 하는데도 모르고 계시니 말입니다."

왕이 말했다.

"내가 어떻게 처음부터 그런 사람의 인물됨을 알아차려서 아예 쓰지 않을 수 있단 말이오?"

맹자가 말했다.

"임금님께서 현자를 조정에 나오게 하신다 해도 정말 마지못한 듯이 해야 합니다. 지위가 낮은 자를 높은 자의 윗자리에 앉히고, 임금과 소원한 사람을 임금과 가까운 사람보다 더 가까이에 두는 일인데, 신중하지 않을 수 있겠습니까?

좌우의 신하들이 모두 어질다고 말하는 사람이라도 그를 쓰시면 안 됩니다. 뭇 대부들이 모두 어질다고 말하는 사람이라도 그를 쓰시면 안 됩니다. 나랏사람들이 모두 어질다고 말하면 그때 비로소 그를 살펴보아, 그의 어진 점을 보십시오. 그런 뒤에 그를 채용하십시오.

파면할 때도 마찬가지입니다. 좌우의 신하들이 모두 어떤 사람을 두고서 내버려둬선 안 됩니다 해도, 듣지 마십시오. 뭇 대부들이 모두 내버려둘 수 없습니다 해도, 듣지 마십시오. 나랏사람이 모두 그는 안 되겠다 하면, 그때 비로소 그를 살펴보아 그의 불가함을 보십시오. 그런 뒤에 그를 파면하십시오.

처형할 때도 마찬가지입니다. 좌우의 신하들 모두가 죽일 놈이라고 말해도, 듣지 마십시오. 여러 대부들이 죽일 놈이라고 해도, 듣지 마십시오. 나랏사람들이 모두 죽일 놈이라고 하면, 그때 비로소 그를 살펴보아 그에게서 죽여야 할 점을 보십시오. 그런 뒤에 그를 죽이십시오. 이렇게 하면 나랏사람들이 그를 죽였다고 할 것입니다. 이런 뒤에야 인민의 부모가 될 수 있는 것입니다."

8
제나라 선왕이 물었다. "은나라 탕왕이 하나라 걸傑왕을 내쫓고, 주나라 무왕이 은나라 주紂왕을 쳐 죽였다던데, 그런 일이 있었습니까?"

맹자가 대답했다. "전해 오는 문헌에 그렇게 되어 있습니다."

제나라 선왕이 말했다.

"신하된 자가 자기 임금을 시해해도 괜찮은가요?"

맹자가 말했다.

"인仁을 해치는 자를 도적놈이라 하고, 의義를 해치는 자를 잔혹한 놈이라 합니다. 잔혹한 도적은 '한 놈'이라 말하지 임금이라 말하지 않습니다. 저는 무왕이 주紂라는 한 놈을 죽였다는 소리는 들어봤어도, 임금을 시해했다는 소리는 들어본 적이 없습니다."

9

맹자가 제나라 선왕에게 말했다.

"임금님께서 큰 궁궐을 지으려면 반드시 도목수에게 큰 재목을 구해오도록 할 것입니다. 도목수가 마침내 큰 재목을 구해오면 임금님은 이만하면 궁궐을 짓기에 넉넉하겠구나 하시며 기뻐하시겠지요. 그런데 목수가 그것을 다듬다가 조그맣게 만들어놓으면 화가 나실 것입니다. 그것으로는 큰 궁궐을 지을 수 없겠다는 생각 때문이지요.

사람이 어려서부터 공부하는 까닭은 어른이 되어 자기가 배운 것을 세상에 펼치려는 뜻에서 그리합니다. 그런데 임금님께서 '네가 여태까지 배운 것은 내버리고 내 말을 따르라'라고 말한다면, 그것은 큰 재목을 깎아 작은 목재로 만들어버리는 것과 무엇이 다르겠습니까?

여기에 다듬지 않은 옥돌이 있다고 치지요. 그것이 비록 수십만 냥의 값어치가 있더라도 임금님께서는 반드시 그것을 옥을 다루는 장인에게 맡겨 갈고 다듬게 하실 겁니다.

그런데 나라를 다스리시는 일에 있어서는, '네가 여태까지 배운 것은 내버리고 내 말을 따르라'라고 말한다면, 그것은 옥을 다루는 장인에게 옥을 갈고 다듬는 법을 가르치려는 것과 무엇이 다르겠습니까?

10

제나라가 연燕나라를 쳐서 이겼다. 제나라 선왕이 맹자에게 물었다.

"어떤 사람들은 과인에게 연나라를 병합하지 말라고 하고, 어떤 사람들은 병합하라고 합니다. 돌이켜보건대, 제나라나 연나라나 전차 만 대를 가진 나라입니다. 비슷한 국력의 나라끼리 싸워 불과 50일 만에 공략했으니, 인간의 힘만으로는 이럴 수 없는 일이지요. 병합하지 않는다면 반드시 하늘에서 재앙이 내릴 듯합니다. 연나라를 병합하는 게 어떻겠습니까?"

맹자가 대답했다.

"연나라를 병합해서 당사자인 연나라의 인민들이 기뻐한다면 병합하십시오. 옛 사람 중에도 그렇게 했던 분이 있는데, 주나라 무왕武王이 그 분입니다. 하지만 연나라를 병합하는 것을 연나라 인민들이 기뻐하지 않는다면 병합하지 마십시오. 옛 사람 중에도 그렇게 했던 분이 있는데, 주나라 문왕이 그 분입니다.

전차 만 대를 가진 제나라가 똑같이 전차 만 대를 가진 연나라를 쳤을 때, 연나라 인민들이 바구니에 밥을 담고 호로병에 마실 것을 담아 제나라 군대를 환영한다면, 뭣 때문에 그러겠습니까? 물구덩이·불구덩이에서 벗어날 기회구나 하는 생각이 들어서 그럴 것입니다. 그런데 제나라가 연나라를 점령한 뒤, 그 정책이 물구덩이를 더 깊게 파고 불구덩이를 더 키우는 것이라면, 연나라 인민의 마음은 제나라에서 떠나버릴 것입니다.

11

제나라 선왕은 연燕나라를 병합했다. 그러자 주변의 제후들이 연합해 연나라를 구해주려고 했다. 제나라 선왕은 겁이 나 맹자에게 물었다.

"많은 제후들이 모여 과인을 치려고 논의하는데, 어떻게 해야겠습니까?"

맹자가 대답했다.

"사방 70리밖에 안 되는 땅으로 시작해서도 천하에 왕노릇 한 분이 있는데 탕왕湯王이 바로 그 분입니다. 그런데 사방 천리나 되는 군주가 다른 나라를 무서워했다는 소리는 여태 들어본 적이 없습니다.

『서경書經』에 다음과 같은 말이 있습니다.

[갈葛 땅의 우두머리는 정말 나쁜 군주여서] 탕임금께서 갈葛 나라부터 정벌하셨다. 그래서 천하 사람들 모두 그의 정벌을 신뢰했다. 동쪽으로 가 정벌하면 서쪽 오랑캐가 원망하고, 남쪽으로 가 정벌하면 북쪽 오랑캐가 원망하면서 말했다. '어찌하여 우리 쪽 정벌을 뒤로 미루셨는가?'

[갈 나라를 포함해서] 다른 나라 인민들이, 은나라 탕왕의 군대를 마치 큰 가뭄에 비구름을 기다리듯 한 것이지요. 그래서 탕임금의 군대가 자기 나라에 들어왔는데도 [신경도 쓰지 않고], 시장에 가던 사람은 그대로 시장엘 갔고, 밭 갈던 사람은 그대로 밭을 갈았던 겁니다. 그들의

포학한 군주를 탕왕이 죽이고 그 인민들을 위로하니, 기다리던 비가 내린 것 마냥 그들은 기뻐했습니다. 『서경』에 또 쓰여 있습니다. '진정한 우리 임금, 탕임금을 기다리네. 이분이 오시면 우리는 살아나도다!'"

"연나라가 그들의 인민을 학대하자, 왕이 쳐들어가서 연나라를 정벌했습니다. 이때 연나라 사람들은 제나라가 자기들을 물구덩이·불구덩이에서 건져줄 거라 믿고, 먹고 마실 것을 들고 나와 왕의 군대를 환영했습니다.

그런데 왕의 군대는 연나라의 어른들은 죽이고 젊은이들은 잡아들였으며, 그 종묘는 허물고 그 나라의 보물은 제나라로 가져왔습니다. 왕의 군대를 기다린 보람이 있겠습니까?

그렇지 않아도 천하의 제후들은 제나라의 강성을 두려워했습니다. 그런데 지금 제나라가 영토를 두 배로 늘이고 '어진 정치'도 하지 않는다면, 이것은 천하의 군대를 제나라로 출동시키는 꼴입니다. 왕께서는 빨리 명령을 내려 포로로 잡은 어른들과 아이들은 돌려보내고, 연나라의 보물은 제자리에 갖다 놓게 하십시오. 그런 다음 연나라의 인민들과 논의해 그들의 군주를 뽑아 세우고 군대를 빼소서. 그러면 아직은 천하의 군대가 출동하는 것을 멈추게 할 수 있을 것입니다."

12

추鄒나라와 노魯나라 사이에 싸움이 벌어졌다. 추나라 목공이 맹자에게 물었다.

"이 싸움에서 내가 데리고 있던 군대 고관 중 서른셋이 죽었는데, 졸병으로 나간 인민들은 죽은 자가 한 명도 없습니다. 그들을 처형하자 해도 다 처형할 수 없고, 처형하지 않자니 상관이 죽어가는 꼴을 보고서도 내버려둔 짓거리를 도저히 참을 수 없습니다. 어떻게 하면 좋겠습니까?"

맹자가 대답했다.

"흉년이 들어 인민들이 먹을 게 없던 때를 떠올려보시기 바랍니다. 임금님의 인민 중 늙은이와 어린이는 도랑에 처박히고, 장성한 자들은 사방으로 뿔뿔이 흩어졌습니다. 수천이나 되었지요. 그때 임금님의 창고에는 곡식이 가득 차있고 재물창고에는 재물이 가득 차있었습니다. 그런데도 고관이란 자들 중에 그런 정황을 제대로 아뢰는 자가 단 한 명도 없었습니다. 이는 위에 있는 자들이 직무를 제대로 수행하지 않아 아래 사람을 잔혹하게 해친 것입니다.

일찍이 증자께서 말씀하셨지요.

'조심하고 또 조심하라! 네게서 나온 것은 반드시 네게로 돌아간다!'

오늘 비로소 인민들이 윗사람들에게 되갚아 준 것입니다. 임금님께서는 인민들을 허물치 마소서! 임금님께서 인정仁政을 실행하시면 인민들이 윗사람과 가까워지고, 그러면 인민들은 윗사람들을 위해 죽음을 무릅쓸 것입니다."

13

등문공이 물었다.

"우리 등나라는 너무도 작은 나라인 데다, 큰 나라인 제나라와 초나라 사이에 끼어 있습니다. 제나라를 섬겨야 할까요? 초나라를 섬겨야 할까요?"

맹자가 대답했다.

"이런 책략의 문제에 대해서는 제가 뭐라고 말씀드릴 수 없습니다. 하지만 한 가지가 있기는 합니다. 해자를 깊이 파고, 성을 높이 쌓아, 인민들과 더불어 성을 지키십시오. 그때 인민들이 죽더라도 왕의 곁을 떠나려고 하지 않는다면, 그것만은 해볼 수 있습니다."

14

등문공이 물었다.

"큰 나라인 제나라가 우리나라와 맞닿아 있는 설薛 땅에다가 성을 쌓고 있습니다. 저는 무척 두렵습니다. 어찌해야 할까요?"

맹자가 대답했다.

"옛날에 고공단보 태왕께서 빈邠 땅에 터를 두고 있을 때의 일입니다. 북쪽의 적인狄人들이 쳐들어와 못살게 굴자, 태왕은 기산岐山 아래로 터를 옮겼습니다. 기산이 좋아서 그리한 것이 아닙니다. 부득이해서 그랬던 거지요. 그렇게 본거지에서 쫓겨난 신세라 할지라도 선정을 펴기만 하면, 반드시 후세 자손 가운데 '천하에 진정으로 왕 노릇 하는[王天下] 자'가 나오는 법이지요.

군자는 창업하고 그것을 남겨서, 자손들이 그 업을 계승할 수 있도록 합니다. 이것이 열매를 맺을 수 있는가는 천명天命에 달려 있습니다. 제나라 사람들이 저렇게 하는 것을 임금님께서 어떻게 막을 수 있겠습니까. 천명을 믿고 선정을 펴는 데 온 힘을 쏟을 뿐입니다."

15

등문공이 물었다.

"등나라는 너무도 작은 나라입니다. 있는 힘껏 큰 나라를 섬겨도 그들의 압박에서 벗어날 수 없습니다. 어떻게 해야 하겠습니까?"

맹자가 대답했다.

"옛날에 고공단보 태왕께서 빈邠 땅에 터를 두고 있을 때, 북쪽의 적인 狄人들이 쳐들어와 못살게 굴자, 태왕은 모피와 비단을 바치며 그들을 섬겼지만 침략당하기는 마찬가지였습니다. 개와 말을 바쳐 섬겼지만 침략당하기는 역시 마찬가지였고, 구슬과 옥을 바쳤지만 침략당하기는 매한가지였습니다.

그래서 빈 땅의 원로들을 소집해 말했습니다. '결국 그들이 원하는 것은 땅입니다. 군자는 사람을 양육하는 수단인 땅을 지키기 위해 사람을 해치지 않는다고 나는 들었습니다. 여러분, 임금이 없는 게 어찌 걱정거리겠습니까? 내가 떠나야 할 듯합니다.'

그러고는 빈 땅을 떠나 양산梁山을 넘어 기산岐山 아래에 새 도읍지를 세웠습니다. 그러자 빈 땅 사람들이, '태왕은 진실로 어진 분이다. 놓쳐서는 안 된다' 하고 그를 뒤따르는데, 시장으로 모여드는 것 같았습니다.

이 문제에 대해 다르게 말하는 사람도 있습니다. '나라라는 것은 대대로 지켜온 것이니 한 사람이 맘대로 할 수 있는 것이 아니다. 죽더라도 그곳을 떠나서는 안 된다'라는 것이지요. 임금님께서는 이 두 길 중에서 하나를 고르십시오."

16

노평공이 외출을 준비시키고 있는데, 그가 총애하고 있던 장창臧倉이라는 신하가 간청했다.

"다른 날에는 임금님께서 외출을 하시려면 반드시 담당 관리인 저에게 가실 곳을 미리 말씀하셨습니다. 지금 임금님의 수레에 말까지 매어져 있는데도 임금님께서 가시는 곳을 담당 관리가 알지 못합니다. 알려주시길 바랍니다."

노평공이 말했다.

"맹자를 만나러 가오."

장창이 말했다.

"무슨 말씀이십니까? 임금님께서 몸을 낮추어, 평민을 먼저 찾아가시다니요? 그가 현자라고 생각해서입니까? 예의禮義는 현자에게서 나온다 하였습니다. 그런데 맹자는 먼저 치룬 아버지 장례보다 나중에 치룬 어머니 장례를 훨씬 성대히 하였으니, 예의를 모르는 사람입니다. 그를 만나지 마십시오!"

노평공은 말했다.

"그렇군!"

맹자의 제자인 악정자가 대궐에 들어가 노평공을 뵙고 물었다.

"임금님께선 어찌하여 맹가孟軻(맹자의 이름이 '가'다)를 만나지 않으십니까?"

노평공이 말했다.

"맹자는 먼저 치룬 아버지 장례보다, 나중에 치룬 어머니 장례를 훨씬 성대히 했다더군요. 그렇게 예를 어겼다고 과인에게 알려준 사람이 있었소. 내가 보러 가지 않은 까닭이오."

악정자가 말했다.

"무슨 말씀이십니까? 임금님께서 예를 어겼다고 말씀하시는 것은? 아버지 장례는 사士의 예로써 하고, 어머니의 장례는 대부大夫의 예로써 한 것 때문입니까? 아버지 장례엔 삼정三鼎의 제물을 쓰고, 어머니의 장례엔 오정五鼎의 제물을 쓴 것 때문입니까?"

노평공이 말했다.

"아니오. 널과 덧널, 수의가 지나치게 화려했던 것을 두고 하는 소리요."

악정자가 말했다.

"그것은 예를 어긴 것이 아닙니다. 아버지 장례 때와 어머니 장례 때, 자식인 맹자의 부유함이 달랐기 때문입니다."

악정자가 맹자를 뵙고 말했다.

"제가 임금님께 말씀드려 임금님께서 직접 선생님을 찾아뵈려던 참이었습니다만, 총애를 받는 장창이라는 자가 임금님을 막았습니다. 결국 임금님은 오시지 않게 되었습니다."

맹자가 말했다.

"가는 것도 가게 만드는 것이 있고, 멈추는 것도 멈추게 만드는 것이 있다. 가고 멈추는 것이 어찌 인간의 의지대로 되는 것이겠느냐! 내가 노나라의 제후를 만나지 못한 것은 하늘의 뜻일 뿐이다! 한갓 장씨 자식 놈이 어찌 나와 노평공을 만나지 못하게 할 수 있겠느냐?"

독서토론을 위한 질문 9

① 위나라 양혜왕은 묻습니다. '어떻게 하면 이 나라를 이롭게 할 수 있나요?' 맹자는 어짊과 의로움만이 있을 뿐이라고 일갈합니다. 이때 양혜왕이 얻고자 하던 이로움[利]이란 무엇을 말할까요. 또 맹자가 말한 의로움[義]이란 무엇일까요?

② 맹자에는 촌철살인 비유들이 꽤 나옵니다. 양혜왕에게 말했던 '오십보백보'와 제선왕에게 했던 '연목구어'를 통해서 맹자는 무엇을 말하고자 했나요?

③ '백성에게 일정한 생업을 주고 나서, 선한 데로 나아가게 교육하라'는 맹자의 말은 법가의 부국강병 주장과 비교될 수 있습니다. 맹자와 법가가 어떤 점에서 같고 어떤 점에서 다를까요?

④ '왕도를 실현하는 정치'에 대해서 제선왕이 묻자, 맹자는 나라가 가장 먼저 보살펴야 할 사람들 네 부류를 이야기합니다. 오늘날의 복지정책도 이들을 보살피는 데 역점을 두고 있습니다. 이들은 누구일까요?

⑤ 맹자가 말한 정의[義, 올바름]와 상앙과 같은 법가가 말하는 정의는 어떻게 다를까요?

⑥ 우물에 빠지려는 아이를 보면 누구나 아이를 구하려고 합니다. 맹자는 이런 마음, 즉 '차마 어떻게 할 수 없는 마음[不忍人之心]'이 누구에게나 있다며, 사람은 태어날 때부터 선하다는 성선설(性善說)을 말합니다. 그에 비해서 순자는 성악설(性惡說)을 말합니다. 성선설과 성악설는 글자에서 나타나듯이 서로 정반대일까요?

⑦ '신하된 자가 자기 임금을 시해해도 괜찮은가요?'라고 제선왕이 묻습니다. 이에 맹자는 '잔혹한 도적 한 놈을 죽였다는 소리는 들었지만, 임금을 죽였다는 소리는 듣지 못했다'고 말합니다. 제대로 왕 노릇을 하지 않는 왕은 왕이 아니라는 소리이지요. 이 말로 맹자는 하나라 걸왕에 대한 은나라 탕왕의 역성혁명, 은나라 주왕에 대한 주나라 무왕의 역성혁명 곧 '민본주의 혁명'을 정당화합니다. 이는

조선시대에 몇 차례 왕을 바꾸는 데도 강력한 근거가 됩니다. 조선 왕조의 역사에서 맹자의 주장이 어떻게 적용되었는지 이야기해 봅시다.

⑧ 조선시대를 맹자의 시대라고 말하곤 합니다. 실제 정도전도 맹자가 말한 왕도정치를 새로운 나라 조선에서 실현하려고 했습니다. 맹자가 말한 왕도정치의 정책들이 조선시대에 적용되어 꽃핀 사례들을 찾아보면 어떤 게 있을까요?

⑨ 제나라의 연나라 병합, 초나라와 제나라 사이에 끼어 있어 존립을 위협받던 등나라의 살 길 등 이웃 나라와의 관계에 대하여 맹자는 여러 차례 답을 합니다. 오늘날 복잡한 국제 관계 속에 놓인 우리 현실에 비추어 볼 때, 맹자의 말이 주는 의미는 무엇일까요?

변법가와 맹자의 갈림길

맹자는 전쟁과 변법의 시대가 낳은 자식이다

중국은 춘추시대부터 꼽으면, 맹자가 살았던 시대에 이르기까지 400년이 훌쩍 넘게 전쟁을 치르고 있었다. 수백 년 지속된 전쟁의 시대는 한 문장만을 남겨놓았다. '이겨야 한다.' 이 말을 위해서만, 다른 모든 말은 의미가 있었다. 왕들은 이기기 위해, 오랜 세월 내려왔던 인민의 삶을 갈아엎었다. 부국강병을 위해 기존의 법을 없애고, 새로운 제도와 법을 실시하였다. 이른바 변법이다. 특히 공자가 태어나기 50여 년 전인 기원전 600년부터 전쟁이 격화되었다.

기원전 600년 즈음부터 정치, 경제, 사회 등 제 방면에 걸쳐 나타난 변화 중 가장 두드러지게 눈에 띄는 현상은 두말 할 나위 없이 전쟁의 격화와 그에 수반된 약소국의 멸망이었다. 가령 멸망시기가 기록된 75국 중 65국이 기원전 662년 이후 멸망했다는 사실은 그를 여실히 증명한다.[*]

전쟁에서 이기는 게 군주들의 푯대가 되자, 변법을 통해서 무적의 군대를 만들어낼 수 있다는 사람들이 여기저기서 나타났다. 이른바 왕을 설득하러 돌아다니는 유세객들이었다. 맹자의 시대는 이들의 전성기였다. 위나라의 이회(변법 실시 시기 기원전 445~396년), 조나라의 공중련(기원전 403년), 초나라의 오기(기원전 382년), 제나라의 추기(기원전 357년), 한나라의 신불해(기원전 355년), 진나라의 상앙(기원전 356~338년)이 그들이다. 맹자는 이들이 이름을 날리는 소리를 들으며 젊은 날을 보냈다.

상앙의 변법 시행에 대해선 자료가 충실하게 남아 있다. 진秦나라 효공(재위 기원전 361~338년)은 상앙을 등용해 변법을 실시했다. 상앙은 전권을 쥐고서 진나라 인민들의 삶을 지금까지와는 전혀 다른 방식으로 짰다. 그는 두 차례에 걸쳐 변법을 선포하고 시행했다.

[*] 이성구,《강좌 중국사 1》, 지식산업사, 1989, 105쪽.

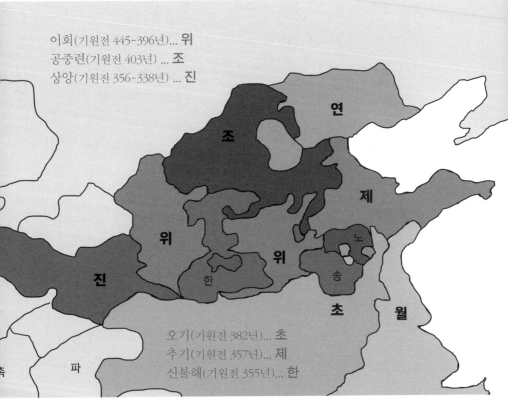

이회(기원전 445-396년)... 위
공중련(기원전 403년) ... 조
상앙(기원전 356-338년) ... 진

연

조

제

위

진

한

위

노

송

초

월

파

촉

오기(기원전 382년)... 초
추기(기원전 357년)... 제
신불해(기원전 355년)... 한

맹자의 어린 시절에 활동했던 대표적인 변법가들

1차 변법에서 그는 전국의 호적 제도를 정비해 인민들을 다섯 집, 열 집씩 묶었다. 한 집이라도 법을 어기면 나머지 집에 연대 책임을 물어, 이웃 간에 상호 감시하고 고발하게 했다. 또한 그는 신분등급을 20등급으로 나누어 정비했다. 전쟁에 나가 세운 공적과 잘라온 적군의 머릿수에 따라 등급을 올려주기도 하고 내리기도 했다. 그리하여 농민이건 귀족이건, 나랏사람들 모두 군인이 되었다. 상앙은 또한 군량미 확보와 징집을 쉽게 하기 위해 상업을 철저히 통제했다.

1차 변법이 어느 정도 자리를 잡자 상앙은 2차 변법을 실시했다. 성인 남자 2인 이상이 한 집에서 함께 사는 것을 금했다. 생산력을 높여 군량미 확보를 최대로 하기 위해서였다. 지금껏 자치 지역으로 있던 지방에 통치자를 파견해 직접 지배 체제로 바꾸었다. 전국의 토지와 임야를 국가에 귀속시켰다. 그렇게 확보한 땅을 한 가구당 100무(畝, 얼추 3,000평)씩 공평하게 나누어주고선 농사를 짓게 한 뒤, 생산량의 10분의 1을 농토세로 납부하게 했다. 변법의 결과 진나라의 군사력은 이전과는 비교할 수 없이 커졌다.

그러던 어느 날, 상앙을 내세워 변법을 정력적으로 추진하던 진나라 효공이 죽었다. 그러자 진나라 조정에선 상앙을 죽여야 한다는 소리가 막 쏟아져 나왔다. 상앙은 도망갔지만 금세 잡혔다. 거열형車裂刑에 처해졌다. 수레에 매달아 사지를 찢어 죽이는 끔찍한

형벌이었다. 그의 가족 친지들도 모조리 죽임을 당했다. 진나라는 상앙의 변법에 힘입어 농업 생산력을 비약적으로 키웠다. 막강한 군사력도 갖추게 되었다. 그런데 왜 사지가 찢기는 형벌을 받았을까? 그에 대해선 나중에 알아보고, 우선 맹자란 인물을 살펴보자.

상앙이 변법을 펼치며 중국의 세력 판도를 바꿔 놓고 있을 때, 맹자는 10대 초반에서 20대 후반이었다. 변법의 시대환경 속에서 자란 것이다. 이 시기를 맹자가 어떻게 살았는지는 알려져 있지 않다. 다만 맹자가 어머니의 깊은 뜻을 느끼며 살았을 것이라는 것을 알려주는 몇 가지 일화가 있다.

우선 맹자가 꼬맹이였을 때의 일인 듯싶은 맹모삼천지교孟母三遷之敎다. 맹자의 어머니가 세 번 이사했다는 뜻이다. 맹자가 처음 살았던 곳은 공동묘지 근처였다. 맹자는 늘 장사지내는 놀이를 하며 놀았다. 걱정이 된 어머니는 시장 근처로 이사를 했다. 이번엔 맹자가 장사꾼을 흉내 내며 놀았다. 맹자의 어머니는 글방 근처로 이사를 했다. 그러자 맹자는 글 읽는 사람들을 흉내 내며 놀았다는 고사다.

다음은 맹자가 10대 때의 일인 듯싶은 일화다. 맹모단기孟母斷機라고 한다. 맹자 어머니가 베틀의 실을 잘라버렸다는 뜻이다. 고향을 떠나 공부를 하고 있던 맹자가 어느 날 집으로 돌아왔다. 어머니가 아들에게 물었다. "공부가 어느 정도 되었느냐?" 맹자가 대답했다. "그저 그렇습니다." 그 순간 맹자 어머니는 짜고 있던 베틀의 실을 칼로 잘라버렸다. 그러곤 말했다. "네가 중도에 공부를 그만둔 것은, 짜고 있던 베의 실을 잘라버린 것과 같다. 무엇에 쓸 수 있겠느냐?" 맹자는 곧바로 스승에게로 돌아갔다.[*]

맹자가 20대쯤에 있었던 일을 알려주는 일화도 있다. 현대인들에겐 잘 알려지지 않은 얘기다. 맹자와 그 아내 그리고 맹자 어머니 사이에 있었던 일이다. 맹자가 방에 들어가는데, 아내가 옷을 벗은 상태로 있었다. 이에 불쾌해진 맹자는 아내를 찾지 않았다. 아내는 시어머니에게 말했다.

"방안에서는 부부의 도리를 행하지 않는다고 들었습니다. 제가 방안에 혼자 있으면서 예를 갖추지 않고 있었는데, 그가 그것을 불쾌하게 여겼습니다. 그가 저를 손님으로 대했기 때문입니다. 여자의 도리는 손님방에는 머물지 않는 것이니, 저를 집으로 보내주십시오."

어머니는 맹자를 불러 말했다. "문안으로 들어가려 할 때 안에 누가 있는가를 묻는 것이 예법이다. 이것은 경의를 표시하기 위해서다. 마루에 올라갈 때 인기척을 내는 것은 안에 있는 사람에게 누군가 왔음을 알리기 위해서다. 그리고 방에 들어갈 때 눈길을 반드

---

[*]   맹자 어머니의 이런 가르침을 단기지교斷機之敎, 단기지계斷機之戒라 한다.

시 아래로 내리는 것은 거기 있는 사람의 허물을 볼까 조심해서이다. 지금 네가 예를 잘 살피지 못하고, 오히려 다른 사람에게 예를 갖추지 않았다고 책망하니 얼마나 잘못된 일이냐?"[*]

맹자의 어설픈 공부가 어머니에 의해 통렬하게 까발려진 순간이다. 앞뒤 상황을 살피지 않고 내리는 판단이 얼마나 허당이고, 헛공부인가를 깨닫는 순간이었을 것이다.

그 뒤로 맹자가 쉰 살 언저리까지 어떻게 살았는지를 알려주는 일화는 쉬 눈에 띄지 않는다. 쉰 살 즈음에 그는 자신의 물음과 배움(학문)을 '완성시켜줄 사람'을 찾아 길을 떠났다. 그 사람은 반드시 왕이어야 했다. 그가 생각한 '물음과 배움'은 정치를 통해서만 꽃을 피우고 열매를 맺을 수 있었기 때문이다. 인민의 힘을 바탕으로, 인민과 함께 새 세상을 이루어나가는 것은 아직 생각하지 못했다. 그 시대가 가진 어찌할 수 없는 한계였다.

그는 양혜왕을 만나 인민들에게 100무의 땅을 주어 안정적으로 농사를 짓게 하라고 외쳐댔다. 약간의 차이는 있지만, 상앙이 진나라에서 이미 펼쳤던 변법과 큰 차이가 없다.[†] 제나라에서도 맹자는

---

[*] 유향 지음, 이숙인 옮김, 《열녀전》, 글항아리, 2013, 84쪽.

[†] 소농에게 100무의 농토를 보장하라는 소리는 전국말기 학자인 순자도 말했다. 《순자》〈대략〉편에 다음처럼 나온다. "부유하지 않으면 인민의 정서를 풍성하게 기를 수 없고, 가르치지 않으면 인민의 성품을 결이 있게 할 수 없다. 그러므로 집집마다 5무의 택지와 100무의 농지를 주어 농사에 힘쓰게 하고 농사철을 빼앗지 말아야 한다."

정전법의 실시를 주장했다. 정전법이란 은나라와 주나라 초기에 실시되었다고 여겨지는데, 농토 소유와 경작에 관한 제도다. 면적이 900무인 정사각형의 농토를 우물 정井자로 9등분하여 아홉 개로 쪼갠다. 여덟 가구가 각기 100무씩 개인 땅으로 경작하여 그 수확물 모두를 각자 차지한다. 중앙의 토지 100무는 여덟 집이 함께 경작하여, 그 수확물을 모두 세금으로 나라에 바치는 제도이다. 정전법 역시 상앙의 변법에서 그리 멀지 않다. 둘 다 소농민의 안정을 꾀하고 있고, 그들에게 주어지는 농토 역시 비슷하게 책정했다. 맹자는 상앙의 제자인가?

항상교민으로 변법가에 맞서다

비슷한 점은 여기까지다. 변법가들이 부국강병을 외칠 때, 맹자는 항산교민恒産教民이어야 한다고 외쳤다. 항산교민은 항산과 교민으로 나뉜다. 항산은 인민들이 삶을 영위하는데 유감이 없을 정도의 '땅과 시간'을 그들에게 보장해야 한다는 것이다. 가족이 모여 평온하게 사는 것보다 앞서는 것은 없다. 이게 유학, 특히 맹자의 믿음이었다. 이것을 가능케 하는 토지(자본과 직업)분배가 항산이다. 이것이 먼저 이루어지지 않고서는 도덕도 문화도 없다. 공자의 생각이고, 맹자의 생각이다. 삶의 경제적인 바탕이 마련된 인민들을 이제는 어떻게 해야 할까? 교민敎民이다. 가르쳐야 한다.

무엇을 가르쳐야 하는가? 사람됨의 바탕을 가르쳐야 한다. 효성스럽고 공손하며, 진정어린 마음을 지니고 신실한 실천력을 가진 사람이 되도록 이끄는 것이다. 진정어린 마음을 가장 전형적으로 보여준 사람이 있는가? 순임금이 그다. 서민으로 있을 때든, 임금으로서 일을 수행할 때든 그는 사람의 이상을 보여주었다. 순과 같은 성인의 삶에서 맹자는 사람의 모습이 완성되는 걸 본 것이다.

맹자는 말했다. 사람의 몸과 생김새는 하늘이 내려준 것이다. 오직 성인의 삶을 산 뒤에야, 사람의 몸에 걸맞게 살았다고 할 수 있다.(〈진심〉 상 38장)

순임금 같은 사람만 '사람의 몸에 걸맞게' 살 수 있는가? 그렇지 않다. 사람이면 누구나 그렇게 살 수 있다. 너 나 할 것 없이 누구라도 거룩한 존재가 될 수 있다. 이게 유학이다. 맹자의 말이 그것을 입증한다.

등문공이 세자였을 때, 맹자를 찾아뵙고 가르침을 청했다.
맹자는 '사람에겐 선한 성품이 있다'며 말끝마다 요순을 들었다.
맹자의 말을 들은 세자는 그 말을 의심스러워했다.

맹자는 안연의 말을 들려주며 의심하지 말라고 했다.

"순은 누구고 나는 누군가? 순처럼 하면 순과 같은 것이다."(〈등문공〉 상 1장)

또한 맹자는 말했다.

군자에겐 평생을 두고 걱정해야 할 것은 있으나, 하루의 근심은 없다. 순도 사람이고, 나도 사람이다. 순은 천하에 법이 되어 후세에 전해지고 있다. 나는 그냥 시골의 한 사람을 면하지 못했으니, 이것이 내 걱정이다.(〈이루〉 하 28장)

간추리면, 맹자의 항산교민恒産敎民은 인민들이 사는 데 지장이 없게 삶의 기반을 마련해준 뒤, 그들을 순임금과 같은 성인이 되게 하는 것이다.

그러면 상앙 등 변법가들이 목표로 한 부국강병은 무엇인가? 부국의 의미가 맹자와 다르다. 인민이 부유해지는 게 아니다. 군주가 부유해지는 것이다. 변법이 성공해서 생산력이 늘어날 때마다 군주의 창고만 늘어났다. 확대된 생산력이 죄다 군주의 창고로 들어간 것이다. 군주가 창고를 늘리고 늘린 창고를 곡식으로 꽉꽉 채운 것은, 흉년이 들었을 때 인민을 구제하기 위한 것이 아니었다. 흉년에도 군주는 창고를 열어 인민을 구제하지 않았다. 맹자가 양혜왕을 신랄하게 비판한 것도 그 때문이다.

> 길에는 굶어죽은 시체가 뒹굴고 있는데도 곡식창고를 풀 생각을 않고, 사람이 죽으면 '이건 내 탓이 아니야. 흉년 때문이야!'라고 한다면, 칼로 사람을 찔러죽이고 나서, '이건 내 탓이 아니야. 칼 때문이야!'라고 말하는 것과 뭐가 다르겠습니까? 임금님께서 흉년 탓을 하지 않으신다면, 곧 천하의 백성들이 몰려들게 될 것입니다.(《양혜왕》 상 3장)

무엇을 위해 군주는 그 많은 곡식을 창고에 쟁여놨던가? 그 쓰임새는 딱 하나였다. 군대를 확장하고, 전쟁 때 쓰기 위한 군량미였다. 변법의 의미를 이성구 교수는 다음처럼 말했다.

> 변법은 국내적 모순과 대외적 위기를 동시에 해결하기 위한 개혁이었고, 따라서 사회모순의 해결과 군사체제의 강화는 변법의 2대 목표로서 그중 유독 하나만을 강조할 수 없는 동전의 양면과 같은 것이었다. 그러나 또 한편 '사회 모순의 해결'이 제민(일반 백성)의 복리 증진을 위한 것이 아니었음은 물론이고, 일단 확립된 제민지배체제란 제민에게 최대한의 노동과 봉사를 강요하는 효율적 착취체제에 불과했다.

…… 군사체제의 강화라는 목적이 더욱 전면으로 부상할 것은 당연한 소치이다.[*]

진나라에 부국강병을 가져다주었던, 상앙이 왜 네 마리 말에 의해 사지가 찢기게 되었는지 이해가 된다. 그만큼 인민, 귀족 할 것 없이 변법에 대한 분노가 하늘을 찌르고 있었다. 그러면 상앙을 죽인 뒤 진나라는 농민 착취체제를 그만두었나? 그렇지 않았다. 진나라의 새 군주는 상앙에게 인민과 귀족들의 분노를 쏟아버리게 해, 그들의 분노를 슬그머니 꺾어놓았고, 그 뿐이었다. 부국강병에 의한 침략과 병합의 달콤함을 버릴 수 없었던 것이다.

진나라는 여전히 상앙이 마련해 놓았던 길을 따라 헐레벌떡 뛰어갔다. 그 결과 변법을 통해 얻은 부국강병의 힘으로 100년 동안 80년을 전쟁하며 지냈다. 아주 장한(?) 변법이었다. 변법에 의한 부국강병의 시기에 중국이 어땠는지를 구체적으로 알 필요가 있다. 그래야 맹자의 '항산교민' 사상과 변법의 차이를 또렷이 알 수 있다.[†]

[*] 이성구,《강좌 중국사 1》, 지식산업사, 1989, 144~145쪽.

[†] 이양호 지음,《진시황을 겁쟁이로 만든 단 한 사람》, 평사리, 2018. 이 책은 맹자 말년부터 진시황의 통일까지 100년 동안 중국이 어떤 식으로 전쟁했는지를, 자객 형가를 등장시켜 다루고 있다.

맹자와 그 시대 연보

(맹자의 연보는 정확한 기록이 없으므로 자세히 알 수 없고, 다만 청나라 사람 자기子奇의 저술인 ≪맹자편년孟子編年≫에 의하여 그 개략을 추려 보았다. 학문적으로 충분히 조사되었다고는 할 수 없다.)

기원전

381년 즈음   묵자 죽음

399년   소크라테스 독배를 마심

395년   플라톤《소크라테스의 변론》완성

372년 4월 2일 추鄒나라(지금의 산동성 추현鄒縣)에서 태어남

365년 즈음   장자 탄생

358년(15세)   노나라에서 배움

347년   플라톤 사망

332년(41세)   처음 추나라 목공穆公을 만남

331년(42세)   제나라 평육平陸에 머무름

330년(43세)   추나라에서 임任나라로 감

329년(44세)   제나라 평육에서 제齊나라 서울로 감

328년(45세)   제나라에서 빈사賓師가 됨

326년(47세)   제나라를 떠나 송나라로 감

325년(48세)   송나라에서 추나라로 돌아옴

324년(49세)   추나라에서 등나라로 감

323년   알렉산더대왕 죽음

322년(51세)   아리스토텔레스 사망. 등나라를 떠나 추나라로 돌아옴

320년(53세)   양나라 혜왕의 초빙을 받고 양나라로 감

319년(54세)   양나라 왕, 영이 죽자, 양나라를 떠나 제나라로 감

318년(55세)   제나라에서 경卿(실권이 없는 명예직)이 됨

317년(56세)   모친의 상을 당하여 제나라에서 노나라로 돌아와

            장례를 모심. 인도 찬드라굽타가 마우리아 왕조 창설

315년(58세)   노나라에서 제나라로 돌아옴

314년(59세)   제나라가 연燕나라를 정벌하여 횡포하자, 제나라를

            떠나 송나라로 감

313년(60세)   송경宋徑을 석구에서 만나 인의仁義로 진秦과 초楚의

            왕을 설득할 것을 권함

312년(61세)   송나라에서 설薛나라로 감

311년(62세)   진나라 장의의 연횡책 성립. 설나라에서 노나라로

            갔다가 뜻을 이루지 못하고 다시 추나라로 돌아옴

289년(84세)1월 15일 세상을 떠남

278년   초나라 굴원 물속으로 몸을 던짐

268년   인도 아소카왕 즉위

참고문헌

《한국경학자료집성(맹자편)》(영인본), 성균관대 대동문화연구원, 1990.

고전연구실 편, 북한 번역, 《고려사 78권》, 〈지志 32〉, 신서원, 1992.

김용옥 지음, 《맹자, 사람의 길 上》, 통나무, 2012.

김학주 역주, 《맹자》, 서울대학교출판문화원, 2013.

남회근 지음, 설순남 옮김, 《맹자와 진심》, 부키, 2017.

마키아벨리 지음, 이남석 번역주해, 《군주론》, 평사리, 2017.

사마천 지음, 김원중 옮김, 《사기》, 민음사, 2007.

서울대 동양사학연구실편, 《강좌중국사1》, 지식산업사, 1989.

수요역사연구회 엮음, 《곁에 두는 세계사》, 석필, 2007.

신동준 지음, 《열국지 교양강의》, 돌베개, 2011.

안동림 역주, 《장자》, 현암사, 2010.

안정애 지음, 《중국사 다이제스트 100》, 가람기획, 2012.

양쯔강 지음, 고예지 옮김,《천추흥망, 진나라편》, 따뜻한손, 2009.

오항녕 지음,《광해군, 그 위험한 거울》, 너머북스, 2012.

유향 지음, 이숙인 옮김,《열녀전》, 글항아리, 2013.

이성규 지음,《중국고대제국성립사연구》, 일조각, 1993.

이성규 편역,《사기 - 중국 고대사회의 형성》, 서울대출판부, 1987.

이양호 지음,《소크라테스는 한번도 죽지 않았다》, 평사리, 2017.

이양호 지음,《진시황을 겁쟁이로 만든 단 한 사람》, 평사리, 2018.

이운구 옮김,《순자 1, 2》, 한길사, 2006.

진순신 지음, 권순만 외 옮김,《중국의 역사》(2권, 3권), 한길사, 1995.

풍몽룡 지음, 김영문 옮김,《동주 열국지》, 글항아리, 2015.

한형조 지음,《조선 유학의 거장들》, 문학동네, 2008.

함석헌 지음,《뜻으로 본 한국역사》, 한길사, 2003.

헤로도토스 지음, 박광순 옮김,《역사》, 범우사, 1999.

횡전유효橫田惟孝 편찬,《한문대계 19 전국책정해》.

이미지와 글 출처

12쪽. 정현종, 〈송아지〉: 한국문예학술저작권협회

86쪽. 호찌민 국가주석 : 호찌민박물관

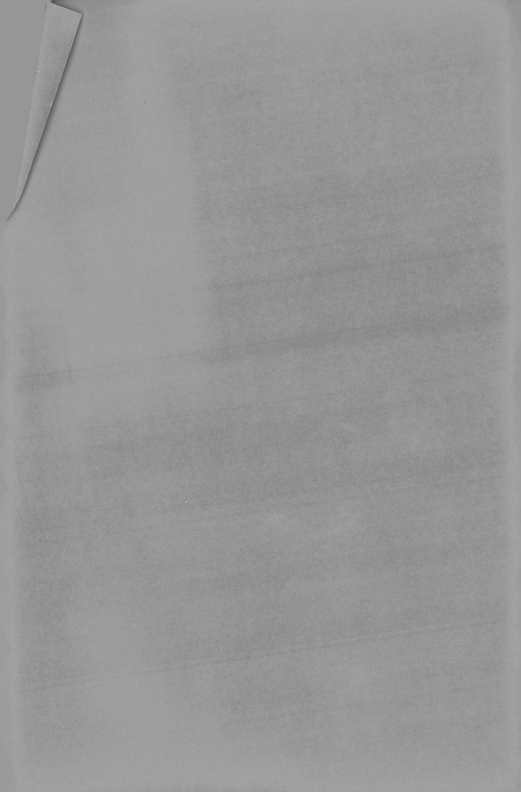